素人手記

女としての絶望の果てに
ナマでヤれる肉人形に
された私……

竹書房文庫

第一章

鬼畜のカイカンに狂って

第二章

鬼畜のカイカンに悶えて

第三章　鬼畜のカイカンに溺れて

第四章 鬼畜のカイカンに蕩けて

第一章
鬼畜のカイカンに狂って

■彼は乳房と乳首への責めを続けながら、自らの肉棒を私の口に突っ込んできて……

容赦なくフッたブ男からぶつけられた復讐エクスタシー

投稿者 結城あさみ（仮名）／26歳／OL

「結城さん、よかったらその……僕とつきあってくれないかな?」

同じ課の同僚男性社員・佐藤にそう言われたとき、私は驚きのあまり、思わず言葉を失い固まってしまった。

「……は、はい?」

かろうじてそう訊き返すのがやっとで、でもそのあとの言葉はもう続かない。

なんでそんなに驚いているかというと、佐藤がうちの社内でも指折りの（いや、実質ナンバーワンか?）ブ男で、女性にもてる要素なんかこれっぽっちもない存在で、一方の私は自分で言うのもなんだけど、社内でも指折りの（さすがにこっちはナンバーワンとまでは言えないけど）美人で、モテ女との誉れも高い存在だからだ。

いわゆる、月とスッポン。まったく釣り合わない。

仮にもし私が佐藤だったら、自分の身の程を考え、おこがましすぎてとてもじゃないけど同じことはできないだろう。

そんなわけで私は、ふっと軽くあざけるような笑みを浮かべると、

「ねえ、佐藤さん……それって正気？　今日ってエイプリルフールじゃないよね？　本気で私につきあってもらえるかもって思って言ってる？　だとしたら、ちょっとイタイ人なんじゃない？　ごめんなさい、あなたのことといい人だとは思うんだけど……って社交辞令的に断るのもばかばかしいほど、あり得ないんですけど」

と、我ながら容赦なさすぎる物言いで、完膚なきまでに拒絶してた。

実際、佐藤は単にブ男なだけじゃなく、体重も百キロ近くあるデブの汗っかきで、もっと言うと仕事もできるわけじゃなく、およそ出世街道から程遠く……本当に一ミリたりとも、私が彼とつきあうメリットなんかない。

「ねえ、頼むからもう二度と仕事以外のことで私に話しかけないで。いやマジ、ほんとは仕事の話だってしたくないけど。よろしくね」

ショックのあまりか、プルプルと醜い唇の端を震わせながら、顔面を蒼白にして立ち尽くしている佐藤を尻目に、そのとき近くを通りかかった仲のいい梨花に声をかけると、私はその場を立ち去った。

当然、彼への同情めいた感情など微塵もなく、いやむしろそのことをすぐに梨花に

話し、同情してほしいのはこっちのほうよとばかりにボロクソにまくしたて、さらに仲間うちのＬＩＮＥでも広めまくって、佐藤のことをとことんバカにした。

　そしてもちろん、あっという間に忘れた。だって、佐藤なんてそのくらいの価値しかないんだもの。私はもはやその週末に控えている、今つきあってる丸山くん（言うまでもなく、イケメンで出世の有望株）とのデートに頭のすべてがいっちゃってた。最後は当然、ホテル行くよなあ？　いよいよ初めてのベッドイン……とっておきの勝負下着つけていかなきゃね、って。

　ところが、そんな浮ついたウキウキワクワク気分が、あんな思いもよらぬ形で木っ端微塵に打ち砕かれてしまうとは……。

　金曜日、丸山くんとのお泊まりデート当日。課の違う彼が先に退社して、それから三十分ほど遅れて私は待ち合わせ場所のカフェに向かおうと社を出た。少しでも早く着きたくて、ビル裏路地の暗い近道を足早に急いでいた、そのときだった。

　背後に何かの気配を感じたと思った瞬間、私は重たい力で羽交い絞めにされ、鼻から口元にかけてを何か布のようなもので覆われると、ツンとくるような刺激臭を覚えて……そのあとの記憶を失ってしまった。

　次に目覚めると、私は大きな丸いベッドに寝かされていた。しかも全裸で、両手両足を大の字の形に大きく広げられ、丈夫なヒモで四隅に縛りつけられる格好で。

「えっ、えっ……な、何これ？　なんで私、こんな……」

恐怖と驚愕にうろたえながらも、周囲の状況を窺おうと首を起こして視線を巡らせた私の目に飛び込んできたのは……。

ベッド脇に全裸で立ちはだかり私を見下ろす、佐藤の姿だった。

ぶよぶよに太った巨体をうすピンク色に火照らせ、はぁはぁと息を荒げ、唇の端にブツブツとヨダレの泡粒を浮かべながら。醜い……でも、それ以上に私に強烈なインパクトを与えたのは、彼の股間から隆々と屹立する巨大な肉棒だった。その長さは二十センチ近くに及び、太さも牛乳瓶ほどもあるんじゃないだろうか。まちがいなくそれは、これまで私が関係を持ってきた、決して少なくはない男たちの中でもダントツの大きさを誇っていた。

「さ、佐藤さん……これ、いったいなんの真似？」

そう問う私の声は心なしか震えていた。ほんとは内心、彼の心中とその目的がわかりながらも、何か言葉を発さずにはいられなかった。

「黙れ、このインランすべた」

答えた彼の声は、その肉体の興奮状態とは裏腹に冷酷な響きを帯びていた。

「おまえが入社してきたとき……四年前からずっと好きだった。でも、告白する勇気がなくて、ずっと気持ちを秘めてきて……ようやっと口に出せたっていうのに……それを、あんなクソミソに言うなんて！　絶対に許せない。おまえなんか、ボロボロのめちゃくちゃにしてやるっ！」

その目は怒りと欲望とでギラギラと燃え上がっていた。

「や、やめて……わ、私が悪かったわ！　謝るから……ね、おねがい、許してっ」

私は必死で懇願したが、佐藤から返ってきたのは言葉ではなく、強烈な一撃だった。私の両の乳房を鷲掴みにし、力任せに揉みしだきながら、同時に乳首をきつくつねりあげてきて……！

「ひっ、ひぃ……んあっ！　あっ……くぅぅッ！」

その激痛に、思わず喉から悲鳴がほとばしってしまう。

「痛いか？　ふん、こんなの、俺が味わわされた心の激痛に比べたら、くすぐられてるみたいなもんだ。ほら、こっちも味わえよ！」

そう言うと、彼は乳房と乳首への責めを続けながら、自らの肉棒を私の口に突っ込んできた。そのあまりの太さに、私は信じられないくらいの大きさに口を開けざるをえず、唇の端が切れてしまうのじゃないかと心配になるほどだった。

「ほら、普段そこらじゅうの男にしてやってるみたいにしゃぶれよ！　チ〇ポ、好きなんだろ？　おまえ好みのイケメンじゃなくて悪いけど……こっちの大きさじゃ誰にも負けないだろ？　ほらほらっ、もっと一生懸命舌をからめて、吸って……俺を悦ばせてみろよ！」

「んあっ、あぐぅ……んぷっ、ん、んぐぅぅ……！」

それは、もちろん苦痛だった。窒息せんばかりに息苦しく、口も裂けんばかりにつらく……でも一方で、その圧倒的な凌辱のパワーに圧倒され、蹂躙され……未だかつて覚えたことのない、興奮のるつぼに叩き込まれたような迫力に酔う、自分がいた。

そうしているうちにも、私の口内に生臭く苦い味が広がっていった。ますます昂ぶってきた佐藤のペニスが分泌させたカウパー液の味……。

「う、くう……やべ、感じてきた……」

彼はそう呻くように言うと、さらに腰を動かして私の口内にペニスを抜き差しするようにし、そうやって犯しながら、今度は同時に私のアソコに指を突っ込んできた。

それもただの指じゃない。グローブのようにでかいその手の指はどれも驚くほど太く、私の肉ひだをえぐり、引き裂かんばかりの勢いで掻き回してくる。

「んんっ、んぐぁっ！　がはっ……くぅっ！」

「おいおい、ちょっと待てよ！　マ○コ、ドロドロのグチャグチャじゃねえか！　おまえ、こんなひどい目にあいながら、まさか感じちゃってるのか⁉　まじ信じられねえインランだな、おい！」

そう言われ、私は思わず激しい羞恥の念に駆られたが、でも、それを否定することはできなかった。

正直そのとおり、とんでもなく感じ、興奮していた。

「よし、じゃあお望みどおり、俺のこのぶっといイチモツを、いやらしい肉壺に突っ込んでやるよ！　ほらっ……ほらあっ！」

言うや否や、衝撃的な肉感が私のアソコを穿ち、濡れそぼつた花びらをめくりあげ、押しつぶしながら、すごい勢いでピストンを繰り出してきた。

「うっ……ぐふ……なんだ、社内一のヤリマンだから、さぞかしここもユルユルのガバガバかと思いきや……くぅっ、すごい締め付けじゃないか！　俺のチ○ポをキュウキュウ喰い搾ってきて……ああ、た、たまんない！」

「あひっ！　ひぃ、ひあっ……あん、はぁ……かはっ！」

私のアソコでも無数の快感の爆発が起こり、私はその淫らでまばゆい光に包まれながら、二度、三度とはしたなくイキまくってしまった。

そして、とうとう佐藤も……。

「うぐっ……はっ、くう……で、出るっ……！」

大量の生温かい奔流が、ドクドクと私の胎内に流れ込み、奥の奥まで染みわたってくるのを感じていた。

佐藤は、そんな大股おっぴろげの私の痴態画像をスマホにおさめると、残酷な笑みを浮かべながら、こう言った。

「はっきり言って、もうおまえのことなんか好きでもなんでもないけど、これからは俺の肉便器として、せいぜい奉仕してもらおうかな。まあ、よろしくな」

絶望感にとらわれながらも、一方でえも言われぬ期待感に胸震わせる自分がいた。

■彼は太い指を二本、三本と肉裂の中にめり込ませ、ぬかるんだひだを掻き回して……

鬼畜カイカンに揺さぶられた初めての満員電車痴漢体験

投稿者 加藤七海（仮名）／31歳／パート主婦

その日私は、普段ほとんど乗ったことのない、ラッシュアワーの電車の中にいました。いつもは歩いて行ける自宅近くのスーパーで働いているのですが、今日は同じチェーンの新店がオープンするということで、その応援にはせ参じることとなったのです。そこは電車で四十分ほどかかる、少し離れた町にありました。

朝八時半開店の少なくとも三十分前には入店しなければならないので、なんだかんだで七時ぐらいの電車に乗らなければ間に合わないのです。

それにしても驚きました。

まさかこれほど朝の通勤時間帯の電車が混み合っているとは……。

なにしろ私は大学卒業後、ＯＬ勤めもそこそこに結婚退職してしまったので、もうかれこれ六、七年は電車での通勤というものとはご無沙汰で、そのあまりにも壮絶な満員ぶりに恐れをなしてしまうほどでした。でも、どうにも乗らないわけにはいきません。ホームに滑り込んできたその時点で、もういい加減ぎゅう詰めの車内に、私は人波に押し流されるように追い込まれ、なす術もなく奥の車両連結部分のドアのところまで達してしまいました。

（ううっ……苦しい……身動きがとれない……でも、この電車って通勤特急だから、あとたっぷり二十分以上は停まらない……がまん、がまんよ……）

周囲をぎっしりとスーツを着たサラリーマン男性たちに取り囲まれる形で、無理な体勢を強いられながら、私は必死でそう自分に言い聞かせていました。

そのときでした。

胸元に微妙な違和感を感じたのは。

見ると、私のワインレッドのカーディガンの前ボタンがプチプチと外されていき、続いてその下に着ていた白いブラウスの前も開きはだけられて……見る間に薄ピンク色のブラジャーが覗いてしまっているではないですか。

（え？　え？　え？　ええええっ……!?）

いきなりのとんでもないなりゆきに、もう完全に気が動転してしまった私は、身動きはおろか、声を出すことすらできない凝固状態で……そこでやっと、そんなことをしている相手が、ごく普通の四十歳前後のやさしそうなサラリーマン男性であることを視認したのでした。

（な、なんで、なんでこんなことするの？　や、やめて……）

　私は相手の目を見つめて、必死でそう無言の訴えを送りましたが、彼はにっこりと本当にやさしそうな笑みを浮かべながら、なんと器用に私のブラジャーをはずして、乳房の一部と乳首を露出させてしまったのです。

　幸い、周囲の他の乗客の視線からは死角になっているようで、すぐに気づかれることはありませんでしたが、ここで変に声をあげたりすればまちがいなくバレて、私の痴態は皆にさらされてしまうでしょう。

　そんなこと、耐えられませんでした。私はぐっと声を抑えて、相手のなすがままにされるしかなかったのです。

（ふふふ、どうやら自分の置かれた状況を悟ったみたいだね。いい子だ）

　彼の目は、まるでそう言っているかのようにさらにやさしく柔和に笑み、でも、その手の動きは裏腹に情け容赦もなく、私の胸を責め苛んできました。

　両の乳房に手を添えてやわやわと揉みしだきながら、時折乳首をピン、ピンと指先で弾き、グニュリと指の腹で押しつぶすように弄んできます。さらに、その指先を口に含んで自分の唾液をまとわせると、粘り気を帯びた感触でニチュニチュといやらしくこね回してくるのです。

（ああっ……お、鬼だわ、この人……人が抵抗できないのをいいことにこんな……あ、で、でも、どうしよう……なんだかおかしくなってきちゃった……）

私はその狡猾な痴漢愛撫に蹂躙されながらも、一方でどうしようもなく昂ぶってきてしまっている自分にとまどいました。もちろん、こんな経験は初めてのことでしたが、恐怖感がいつしかえも言われぬ刺激に変わり、甘美なゾクゾク感が胸元から股間にかけて走り抜けるようで……私はキュンと疼いてきた股間の秘部を覆い隠そうとでもするように、もじもじと腰をうごめかせてしまっていたのです。

するとそれを敏感に察したのか、相手は今度は片手を下のほうにやって、私のスカートの裾をたくし上げると、パンストと下着の中に潜り込ませてきました。そして大胆にも直接、指先を私の秘肉に挿し入れてきて……！

「……んんっ、ん……んふぅ……」

幸い、電車の走行音に紛れて周囲には聞こえなかったようですが、私は思わずそう甘ったるく呻いてしまい、彼はそれをいましめるような教師じみたちょっと厳しい視線でにらんできました。でも、次にやってきたことといえば、逆に私をあざ笑うかのようなさらに鬼畜のような所業……太い指を二本、三本と肉裂の中にめり込ませ、ぬかるんだひだをグチュグチュと掻き回してきたのです。

「……ひっ、いぃ……っ、んっ……」

たまらず漏らしてしまった喘ぎ声に、今度は乗客の一人がふと怪訝そうな様子を見せましたが、今度もなんとか気づかれずにすんだようです。

でも、乳首と股間に繰り返し送り込まれる淫らな責めに、いよいよ私の羞恥まみれの性感にも限界が来てしまったようです。

「はぁ、はぁ、はぁ、はぁ………」

と、押し殺しつつも荒い息が漏れ、顔も熱く火照ってきてしまい……。

するとそこで、相手も責め方をがらっと変えてきました。

私の乳房を押しつぶすようにギュウッときつく抱きしめると、自分の股間部分をちょうど同じく私のそこへ押しつけてきたのです。スーツのズボンごしでも、その硬くいきり立った圧力が、いやというほど熱く感じられました。

そして、電車のガタン、ガタンという揺れのリズムに乗っかるかのように、彼は腰を前後に突き出し、引き下げ……私のソコ目がけて巧みなピストン運動を繰り出してきました。お互いの衣服ごしではあっても、もう十分に濡れ、昂ぶりきった双方の性器は敏感に淫らな刺激を分かち合い、快感を与え合って……。

「……んひッ、くふぅ……う、ううん……」

「うっ、んぐ……うくぅ……！」

　ちょうど電車が大きくカーブし、走行音もマックスに達した絶好のタイミングでお互いが声を発し、私は人知れずイッてしまっていました。恐らく彼のほうも、雰囲気的に射精してしまったのではないかと思います。パリッとしたスーツのズボンの内側が精液でドロドロのネチャネチャになっているかと思うと、なんだかちょっと愉快な気分になってしまいました。

　そして次の停車駅で彼は降りていき、私は何食わぬ顔で一人、目的地まで電車に乗り続け、出勤時間に間に合わせることができました。

　最初は驚き、恐怖さえ覚えた初めての痴漢体験でしたが、そのスリリングな快感の記憶は鮮烈で……当分忘れられなくなりそうです。

■いきり立った雅也のチ○ポが押しつけられ、唇を割って口内にズズッと入り込んで……

借金のカタに犯され辱められた裏切りの夜

投稿者 今井明日香（仮名）／24歳／ショップ店員

その日、夜の八時すぎ、仕事あがりのあたしは、つきあってる祥平（二十五歳）が迎えにきてくれた車の助手席を見て、あれ？　と思いました。

見たことのない男が乗ってたからです。

「あ、こいつ、俺のツレの雅也。明日香、初めてだよな」

「ちわっス、雅也です。……てか、明日香ちゃん、祥平が言ってたとおり、マジかわいいっすね」

なんだこの調子のいいヤツ？　と思いながらも、そう言われてまあ悪い気はしなかったので、こっちも適当に挨拶を返しました。

なんでも二人は高校のクラスメイトだったらしいんだけど、今日偶然出くわして、すごいなつかしいから、せめて晩メシだけでも一緒に食いたいなって話になって、とりあえずあたしとのデートに連れてきたっていう話でした。

「ごめんな、明日香、いきなり。まあメシだけ一緒につきあってやってくれよ。そのあとはいつもどおり、俺ら二人だけで……な？」

まあ、そう言われれば仕方ありません。ほんとはあたし、ここ最近すごく忙しくて翔平とのデートもかなり久しぶりだったのもあって、正直ゴハンなんかどうでもよくって、早くエッチしたいってウズウズしてたんだけど……翔平ったら、アレも立派な上に、テクもすごいものだから。

「うん……まあ、いいけど」

それから、あたしたち三人はガ◯トに行って、まあ当然のごとくアルコールも入れて、ゴハン食べたんだけど、その時点であたしはなんだか違和感を感じてました。昔のダチとの久しぶりの再会って言ってたわりには、祥平と雅也の会話があんまり弾まないんです。時折、思い出したように「ああ、そんなこともあったよな」とか、「あれはビビったよなあ」とかなつかしトークをするんだけど、ぜんぜん盛り上がるようなかんじはなくて。なんか変なの、と、あたしが不審な目で見てると、

「まあまあ、明日香、ほら、もっと飲んで！」

と、なんだか場を繕うようなかんじで、がんがんお酒だけは勧めてきて……おかげであたしは飲み過ぎて、かなり酔ってしまいました。

そうこうするうち、時間はもう十一時近くになって、もう出ようということになりました。そのときになって初めてあたし、あ、そういえば車なのにお酒……と気づきましたが、実はなんと、翔平と雅也の二人は一滴も飲んでなくて、あたし一人、飲まされてたんです。

ここにきてさすがのあたしも、これは怪しい、様子がおかしいぞ、と思い至りましたが、もう頭はクラクラ、足元もフラフラの一人じゃとても歩けない状態で、二人に両脇を抱えられて車に乗せられるに任せるしかありませんでした。

そして車が動きだすと、あっという間に猛烈に眠くなって、そのまま寝入ってしまって……やっと目覚めたとき、驚きました。

あたしはハダカでベッドの上に寝かされてたんです。

そして、慌てて周囲を見回すと、ベッドの両脇には、翔平と雅也の二人が立っていて……なんと二人もハダカだったんです。

まだちょっとボーッとした頭でも、ようやくあたしもそこがラブホの部屋の中だということに気づきました。でも、目覚めた頭のほうに、まだ体のほうはついてこられず、アルコールの影響が残った手足のほうはフニャフニャして、全然力が入りません。

あたしは翔平を見上げながら、なんとか言葉を発しました。

「ちょ、ちょっと翔平、これってどういうこと？　な、なんであたし……あんたらもハダカなの？　いったいあたしに何しようっていうの？」

するとと翔平は、ちょっと申し訳なさそうなかんじで、とんでもないことを話し始めたんです。

「すまん、明日香。……黙って雅也にヤらせてやってくれ」

……はあっ？

「いや実は、最近俺、パチスロで負けが込んじまって、ついついサラ金に手を出して…その借金がまたにっちもさっちもいかなくなっちまって……雅也に助けてもらっちゃったんだよ、二十万」

はあ、それで…？

「ほんとはこないだがその返済の期日だったんだけど、全然工面できなくて……で、もうちょい待ってもらう代わりに、明日香に一肌脱いでもらいたいなって」

ちょ、ちょっと、一肌脱いでもらいたいって、もうさっさと脱がしちゃってるじゃないの！　要はあたしに借金のカタにオマ○コやらせろって、そういうこと⁉

「いやあ、最初に翔平にこの話を持ちかけられたときは、どうせろくでもねえブスなんだろうって思ったけど、いやマジ、明日香ちゃんなら全然オッケー！　明日香ちゃんとヤれるんなら、いくらでも返済待っちゃうもんね、俺！」

あ～っ、ぜんっぜん嬉しくない……。

あたしの気分は最悪でしたが、向こうはそんなこと、もちろん全然気にしたりなんかしません。目をらんらんとさせて、あたしの上に躍りかかってきました。

「うっほー、顔だけじゃなく、カラダもマジいけてる！　オッパイでけぇ！　……っておい、翔平！　一応、暴れねぇように両手押さえろよ、気がきかねぇなあ」

翔平はヘコヘコと雅也に言われたとおり、あたしの頭のほうに回ると、バンザイをさせる格好で両手を押さえ込み、それで完全に無防備にさらけ出されたオッパイに雅也が勢い込んでむしゃぶりついてきました。その手は手加減なしにあたしの柔らかい乳肉を無造作に鷲掴み、搾り込むように激烈な力で揉みねじってきます。乳首もまるですりつぶされるように押し込まれて。

「あひっ、ひっ……ああっ、あ、あうう～～～っ！」

胸を引き裂かれるような激痛！　……が、そう感じたのは、ほんの最初の数十秒ほどだけでした。なんと、アルコールの影響で感覚がマヒして鈍ってしまったあたしは、その乱暴な刺激を適度に心地よく感じるようになってしまったんです。

「んあっ、あ、はぁ……あ、あふぅ……あぁん……」

「うひっ、乳首ビンビンに立ってきた！　明日香ちゃん、こんなひどくされてるっていうのに、感じちゃってるんだね！　なんだ、かわいい顔してとんでもねぇド淫乱じゃねぇか！　そんなら話が早いってもんだ。ほら、翔平、明日香ちゃんのカラダ起こして羽交い絞めにして……さあ、明日香ちゃん、俺のチ○ポ、咥えてもらおうか！」

翔平にがっしりと後ろ手でロックされたあたしの口に、すでに十分固く大きくいきり立った雅也のチ○ポが押しつけられ、唇を割って口内にズッと入り込んできました。あたしはもう抗う気力も力もなく、それを受け入れて無我夢中でしゃぶるしかありませんでした。雅也のチ○ポは翔平ほどではないもののけっこう大きく、必死で舌を動かしているうちに、なんだか昂ぶってきてしまうあたしがいました。さっき言われたとおり、やっぱあたしってド淫乱なの？

「くぅ〜〜っ、きもちいいっ！　ほら、翔平、おまえも突っ立ってないで、明日香ちゃんのマ○コ舐めてやれよ！　みんなテンション上げまくって楽しもうぜ〜！」

翔平は言われたとおり、あたしの両手を離すと下半身のほうに回り込み、顔を股間に突っ込むと、ベチョベチョ、グチョグチョとあられもない音をたてながら、あたしのアソコを舐めむさぼってきました。

「んんっ……んぐぅ、ふぅ、うううっ……！」

それがあまりにも気持ちよくて、あたしは雅也のチ○ポで口をふさがれながらも、カイカンの喘ぎをあげてしまいました。

「よ～し、じゃあ、明日香ちゃん、オマ○コいただくぜ！　ほら、四つん這いになって！　さあ、バックからブチ込むぜいっ！　おっと、同時に愛する彼氏のチ○ポ、しゃぶってやんなよ。そのほうがもっと興奮すんだろ！」

あたしは四つん這いになって前方から翔平のチ○ポを咥え込み、後ろから雅也のチ○ポでマ○コを掘り抜かれる格好になりました。

「う、うほぉっ！　明日香ちゃんのマ○コ、締まる～～！　いいぜぇ！」

「あ、ああ、はぁ……明日香……い、いいっ……くうっ……」

前後で雅也と翔平が腰を振りながら喘ぎわめき、あたしも、

「んぐぅ、うぐっ……んふ、んふ、んふ……うぐふ、うううう～～～～！」

まるで一本の長大なチ○ポで串刺しにされているような感覚に陥りながら、いつしか昂ぶりまくり、押し寄せてくるオーガズムの波に呑まれていきました。

「ああっ、もうだめだ、よすぎる！　おい、明日香ちゃん、中で出しちゃっていいよな？　んん？　はっ、はあ……あ、あぐぅ……！」

「うっ、うう……お、俺もっ……明日香の口ん中、よすぎる……うっ！」

「んんん……ぐ、ぐふ……ぷはぁっ！　あひ、あああん、あ、あたしも……も、もう……イク、イクの～～～～～～～っ！」

そうやって、バックからマ○コに、前のほうから口に、あたしは同時に二人の男の精液を注ぎ込まれながら、最後は口を離してほとばしるような絶叫をあげながら、イキ果ててしまったんです。

そのあとも続けて三時間ほど、あたしは雅也の望むままに犯され、辱められ、いたぶられ続けました。もう、ドロドロのグチャグチャです。

結局そのあとすぐ、祥平とは別れました。あんなろくでなし、とてもじゃないけど、もうつきあいきれないと思ったからです。

でも、とことん凌辱を尽くされたその晩の思い出は、本来なら死にたくなるような悲痛に満ちているはずなのに、なぜか淫らに心を弾ませてしまうあたしがいるんです。

やっぱり、どうしようもないド淫乱なのかもしれません。

■彼はそそり立っているペニスを振りかざすと、私の片脚を抱え上げて股間を開かせ……

嫉妬で逆上した彼氏に社内で無理やり犯されて！

投稿者 本村真凜（仮名）／27歳／OL

私の名前は漢字で「真凜」と書いて、「まりん」と読む。

自分でも素敵な名前だなって思うけど、人からそう呼ばれるのはなんかちょっと恥ずかしくて、家族や親戚といった身内以外……会社の同僚とかには名字で読んでくれるように頼んだりしてる。

だから、

「おい、まりん、おまえふざけんなよ！」

会社で今、そう言って私をののしってる相手は、相当親密で特別な存在だとはいえるわけだけど。

彼の名前は健介。同じ歳の同僚で、実はつきあってもう一年ちょっとになる。いわゆる彼氏だ。その彼が、なぜこんなに怒っているかというと、

「なんで部長の息子とお見合いなんかしたんだよ⁉　出世の見込みなんてない俺のこ

とは捨てて、玉の輿にでも乗るつもりか？　この腐れヤリマンが！」

「ち、ちがうの……なんだか知らないけど、部長、私のことをすごく気に入ってくれてて、ぜひ息子と会ってやってほしいって何度も頼まれて仕方なく……とにかく、一回いうこと聞いてあげれば気が済むかなって思って……！」

「はあっ？　おまえ、気が済むどころか、部長のヤツすっかりその気になって、おまえと自分の息子が結婚するって社内でふれ回ってるじゃないか！　マジむかつく！まりん、おまえ許さねえからな！」

　というわけ。

　ほんと、健介って一度頭に血がのぼると、ぶちキレまくっちゃってもう何を言ってもムダ……私を壁に押しつけて、わめきながら乱暴に服をむしり取ってくる。ジャケットを脱がされ、ブラウスの前ボタンを力まかせにはずされながら、スカートの上から私の両脚の間に膝を突っ込んでグイグイ押し込んできて。いつもこんなふうに、私に対して腹を立てると悔しまぎれに犯そうとする。

　しかも、ここは会社なのに。

　いくら社屋奥にある、普段めったに人がやってこない資料室だとはいっても、絶対に誰かに気づかれないとも限らない。

「おい、まりん、おまえ、もうそいつとはヤったのか？　ヤったんだろ？　ええっ⁉」

「ば、ばか、するわけないじゃない……そのお見合い一回しか会ってないんだよ？」

「いや、どうせそのあと、よくある『じゃあ、あとは若い人たち同士で』とか言われて、二人でドライブとか行って……さっさとラブホに行ったに決まってる！」

「行ってないったら！　マジ、ゲスな想像やめてよ！」

「誰がゲスだってぇ⁉　自分のほうこそ淫乱ゲス女だろうがあっ！」

怒りにまかせてブラを引きちぎられ、胸が露わになってしまった。

「くっそ……この白くて丸くて柔らかい胸を、俺以外のやつに吸わせるだなんて！　なあおい、感じたのか？　ああんって声あげたのか？」

「だ、だから、そんなことしてないって……！」

逆上した健介は例によってまったく聞く耳持たず……ものすごい力でもって、めちゃくちゃに私の胸を掴み、揉むというよりも握りつぶしにかかってきた。乳房が悲惨なまでによじれ歪み、乳首がちぎれんばかりに引っ張られて！

「いやっ……い、痛いったら！　やめてよぉっ……ひぃっ！」

「くそ、くそっ……くそ～～～っ！」

健介はさらに乳房に喰らいついてきて、がむしゃらに吸い搾り、乳首に歯を立ててきた。マジ、強烈な激痛が私を襲い、もう悶絶せんばかりだ。

「ひっ、ひぃ……ぎゃっ！　や、やめて、健介！　ほ、ほんと痛い！　し、死んじゃうよおっ！　あひっ……ひぎっ……！」

「じゃあ死ねよ！　淫乱裏切り女なんか死んじまえっ！」

ますますテンションの高まった健介は、膝がしらで私の股間を押しつぶさんばかりに責めたて、スカートとパンスト、下着越しでもその痛みと圧力は激烈で、まるで私の恥ずかしい肉びらが引き裂かれんばかりだった。

「くああっ……あ、だ、だめ！　んぐっ、くひぃっ！」

「くそくそくそ……うらあぁぁあああっ！」

健介はスカートをめくり上げ、ぐいと指をかけると、とうとう私のパンストと下着を膝下まで引きずり下ろして、股間をさらされてしまった。

「ほら見ろ！　淫乱マ○コが汁たらしてるじゃないか！　あんなムチャクチャされといてヨガってるなんて、ほんとどんだけ好きモノなんだよ⁉」

いや、私自身は感じてるつもりなんかなかったのだけど、カラダのほうはそうではなかったらしい。生理的反応とでもいうべき現象で、健介の繰り出す刺激に応えてしまってるんだわ。く、くやしい……！

「おうおう、そんなにチ○ポ欲しいんなら、いやっていうほどくれてやるよ！　どうせあの貧相な部長の息子だ、粗チンで満足できなかったんだろ？　俺のでかいのが恋しかったんだろ？　ほら、たっぷり味わいやがれ！」

そう言うと、健介は素早く下半身裸になり、凄い角度で天をつかんばかりにそそり立っているペニスを振りかざすと、私の片脚を抱え上げて股間を大きく開かせてきた。バランスのとりづらい無理な体勢ゆえか、妙にアソコが敏感になったように感じてしまう。ヒクヒクと肉ひだが震えているのが自分でもわかる。

そして次の瞬間、強烈な肉感が私の肉びらを割り突き入ってきて……ズップ、ズップと豪快な抜き差しを始めた。さっき感じた敏感さはまちがいじゃなかった。いつになく強烈な快感を覚えてしまい、私は悶え喘ぐのみ。

「んひっ、ひっ、あひ……くはっ！　い、いいの……ああ、健介っ！　き、気持ちいいっ……あん、あん、あんっ……はあぁぁっ！」

「おらおら、啼きわめいてイキまくりやがれ、インラン女が！　どうだ！　俺のチ○ポが一番だろう？　ええっ⁉」

いやだから、部長の息子とはヤってないって言ってるのに……ああ、でも、すっごい気持ちいいのはまちがいない。確かに健介のペニスはサイコーだ。

「あっ、あっ、ああん……はっ、はぁ、はっ……ああ、イク、イク……」

「くうっ、お、俺もイキそうだ……中にぶっ放すぞ！」

「ああっ……ナ、ナマはだめ……や、やめてぇっ！」

「うるせえっ！　……んぐ、う……ううっ！」

「あ、ああっ……あ、あああああっ！」

あ～あ、だめだって言ってるのに、中で出されちゃった。

でもほんと、めちゃくちゃ気持ちよかった。ほんとサイコー。

「ねえ、健介、これで子供できちゃったりしてたら、どうする？」

ペニスを拭きながら、射精の余韻に浸ってる彼にそう訊くと、一瞬ギクッとなったような顔したけど、次にこう言ってくれた。

「まあそうだな。そん時は……結婚してやるよ」

そう言ってくれると思った。

結婚生活は苦労しそうだけど、根は悪いやつじゃないからね。

■彼のそれはその体型どおりに、決して長くはないけど、太く力強さに満ちた逸物で……

万引き発覚、からのまさかのセフレ関係誕生!?

投稿者 室岡まさみ（仮名）／34歳／専業主婦

それは買い物を終え、スーパーを出た直後のことでした。

一人の男が近づき、声をかけてきたのです。

「奥さん、そのバッグの中にレジを通してない商品があるでしょ？」

ギクリとし、私は気が動転してしまいました。

たしかに、最近すっかり味をしめてしまった万引きの戦利品が、手にしたエコバッグの中に入っていたから。

この人、きっと万引きGメンだ。万引きの現場を見られてたのね。ああ、このまま事務所に連れていかれて……警察に突き出されちゃうのかしら？

恐れおののく私の表情を見て、その内心を察したかのように、相手はこんなことを言ってきました。

「あ、言っとくけど僕は万引きGメンなんかじゃないからね。でも、奥さんが万引きしてる現場はちゃんとスマホの画像で押さえてあるから、簡単に警察に突き出すこともできるよ。いうことは聞いたほうが身のためだよ」

え、万引きGメンじゃない……？　じゃあ、この男の目的は一体……？

怪訝な様子の私の肘をとると男は一緒に歩き出し、話し始めました。

「僕、今会社に行かないでリモートで在宅ワークやってるんだけど、毎日お昼のこの時間に買い出しに来るのが日課になってるんだよね。で、そこで奥さんのことが目につくようになって……きれいな人だなあって思って。ところが、日々目で追ってるうちに、奥さんがとんでもないことしてるのを知っちゃったわけ」

彼はそう言っていったん言葉を切ると、軽くウインクをよこしました。私は話の行き先が見えてきたような気がしました。

「その顔……僕の言わんとしてること、わかってもらえたみたいだね。そ、万引きのこと見逃してあげる代わりに、奥さんのこと抱かせてほしいわけ」

私は改めてしげしげと彼のことを見ました。

年の頃は私と同じかちょっと上くらい。少しメタボ気味だけど、清潔感があって、決して悪い印象はありません。身に着けているものもそれなりで、まあまあの会社に勤め、いい収入を得ていることが窺えます。

私はささっと皮算用をしました。

そんなにタチの悪い人じゃないみたいだし、約束も守ってくれそう。一回相手してあげて万引きのこと見逃してくれるのなら、素直にいうとおりにしたほうがいいかも。

「わかりました」

私は答えていました。

「スマホの画像データを抹消して、なかったことにしてくれるのなら」

「うん、交渉成立だね。じゃあ、行こうか？」

そうして午後の二時すぎ、私はそのまま彼に連れられ、十五分ほど歩いた先にある、ラブホテルへと向かいました。

受付を済ませ部屋に入ると、いきなり彼は私に抱き着き、きつく抱擁しながらキスしてきました。私の唇をねぶり回し、舌を口内に挿し入れると歯茎から口蓋からすべてを執拗に舐め回し……さんざんそうしたあと、仕上げとばかりに舌と舌をからませてぬめらせ、吸いしゃぶり、唾液を啜り上げてきました。

「……んぶっ、んじゅ……ぐう、ぬぷっ……うぶぶ……」

「はぁっ……ああ、お、奥さんのつば、思ったとおり甘くておいしい……んじゅぶ！」

延々と口を開けているおかげで、お互いの唾液が溢れ混じり合い、ダラダラと大量のしずくとなって双方の顎から喉元、そして鎖骨にかけてをしたたり濡らしていきます。汚い、というよりも、それはえも言われず淫らな光景でした。

そうしながら、続けて彼は私の服に手をかけ脱がしてきました。羽織っていたカーディガンを放り捨て、ブラウスのボタンを外し脱がせ、私は上半身ブラだけの格好になってしまいます。彼は舌なめずりするようにそのホックを外し、とうとう私の裸の胸が露わになってしまいました。

ゴクリと彼が生唾を呑み込む音が聞こえました。

「ああ、とってもきれいだ……想像してたとおり、豊かですばらしい胸だよ、奥さん」

うっとりしたような声でそう言って舐めてこようとしたので、

「あ、ちょっと汗をかいたから、シャワー浴びさせて……」

私はそう言ったのですが、

「何言ってるの、僕は奥さんそのものの味を、香りを楽しみたいんだ。それを荒い流してしまうなんて、とんでもない」

「で、でも……」

それ以上多くを言わせず、彼は私の剝き身の胸にむしゃぶりついてきました。乳房を柔らかく揉みしだきながら、レロレロと全体を舐め回し、乳首を唇に含んでチュウチュウ、ジュルジュルと吸い啜ってきて。

「はあっ、あ……んあっ……あ、ああ……」

お恥ずかしい話、ここ三ヶ月ほど夫とはご無沙汰の私のカラダは、あえなくその刺激に感じ、喜悦におののいてしまっていました。

「ああ、おいひい……んぐっ、んぶっ……んじゅ、じゅぷ、ぬじゅぶ……ぷはぁ！」

その快感は上半身から徐々に全身に広がっていき、下腹部から股間へ……甘い痺れのような感覚が侵食していきました。ジュワリ……と、私の秘部が熱く潤んでしまうのが自分でもわかりました。

綿パンのジッパーを下げ、そこにこじ入れられた彼の指がパンティの中に潜り込み、ぬかるんだ秘部をまさぐり、掻き回してきました。

「んあっ……あん、あっ、あっ……んはぁぁっ……」

「ああ、奥さんのここ、もうトロットロだ……僕の指を蕩かさんばかりに熱く煮詰まって……ああ、ほんとたまんないよ」

そのまま私たちはベッドにもつれ合うように倒れ込みました。そして私を完全に裸にした彼は、急くようにして自分も服を脱ぎ去りました。

「奥さんのオマ○コ……いただきます！　ん、んじゅぶぅ……」

「ひぃっ……あ、あああああっ……はあっ！」

私は秘部で繰り出される彼の舌戯に喘ぎつつ、ちょうど目の前にあったそのいきり立った股間のモノにしゃぶりついていました。それはその体型どおりに、決して長くはないけど、太く力強さに満ちた逸物で、口を目いっぱい広げても収まりきらないんじゃないかと思うほどでした。

「あふっ……う、んぐふっ……んっ、んっ、んっ……」

私の秘部に顔を突っ込みながらも、ちょうどシックスナインの格好で私にモノをしゃぶられ、彼はくぐもった喘ぎ声を漏らし、腰をヒクヒクと震わせました。

私のソコはとめどなくびしょヌレになり、彼のモノもますます固く太く膨張していました。いよいよお互いに完全準備ＯＫ状態です。

「ああ、奥さんっ……！」

彼はガバッと起き直ると、正面から正常位で挿入してきました。怖いくらいの力感が、肉びらをえぐるようにして穿ってきます。

「あああっ、ああ！　ひっ……ひ、ひぃ……す、すごい……！」

「くぅっ……お、奥さんの中、みちみち締まるぅ……！」

そうやって私たちは激しく、五分ほど嵐のようにファックしたあとお互いに果て、その後少しインターバルをとってから、今度はもっとじっくり、三十分以上かけてねっとりと愛し合い、満足感たっぷりに二回戦目を終えました。

そして少しの余韻を経たあと、私は彼に言いました。

「じゃあ約束どおり、例の画像は消してくれるわよね」

すると彼は、すごく爽やかな笑顔でこう言いました。

「だーめ。誰が今日一回だけで許してやるって言った？　最低あと三回はつきあってもらわないと、消すわけにはいかないなぁ」

いけしゃあしゃあとそんなことをぬかす彼に対し、私は一瞬唖然としましたが、しばし後、思いを改めました。

まあ、あんなに気持ちいいなら、私としてももう何回か楽しませてもらっても悪くないかもね。

万引き発覚危機一髪から、まさかのセフレ関係へ……世の中、こんなこともあるんですねえ？

■父のたくましい肉体の押し引きが、何度も何度もあたしのカラダにぶつかり……

実の父に処女を奪われた衝撃の禁忌の夜

投稿者　黒川理子（仮名）／23歳／フリーター

今まで、誰にも言ったことない、あたしの秘密を話しちゃおうと思う。

あれはまだ、あたしが高校に入学して間もない頃。

入部したバレー部の練習がそれはもうきつくて、家に帰ってきた早々、ごはんもまともに食べず、シャワーだけ浴びて夜の八時頃には自分のベッドに倒れ込むようにして眠ってしまった。

それからどのくらい経った頃だろう。

あたしはなんだかカラダ全体にのしかかるような重苦しさを感じて目が覚めた。

「ううん……な、なにっ？」

窓から差し込む月明かりの中、すぐ目の前にある顔を見て驚愕した。

「お、おとうさん、何やってるのっ⁉」

そう、その正体はあたしの父で、掛けていた布団をはがしのけ、Ｔシャツとショーツしか身に着けていないあたしの上に、上半身裸の姿でどっかりと覆いかぶさっていたのだ。

「りこ、りこ、りこ……っ！」

何かに憑かれたみたいにただそう繰り返す父の息は酒臭く、どうやら相当酔っぱらっているみたいだった。

「りこ……ああ、本当に母さんと瓜二つになってきたなあ。とてもきれいだよ……もう、父さん、たまんないよ……」

必死でもがく小娘のあたしの抵抗など、まだ三十代半ばの屈強な現役現場労働者である父にとっては屁でもないようで、いとも簡単に手足を押さえつけ、あたしはTシャツを胸上までめくり上げられてしまった。

「ああ、でもカラダのほうはもう母さん以上だ。こんなにたわわで立派なオッパイになって……うう、りこ、寂しいよお……このカラダで父さんのこと、慰めてくれよおぉっ……」

父はいきなり泣き始め、大粒の涙をぼろぼろとこぼしながら、あたしの胸にむしゃぶりついてきた。その分厚くごつい手で、まだ柔らかいあたしの乳房を荒々しく揉みしだき、無精ひげが生えてジャリジャリした頬を押し付けながら乳首をじゅるじゅると吸ってきた。

「あ、ああっ……だ、だめ！　やめてったら、おとうさん！　自分の娘になんてことするのよ⁉　いやぁぁっ！」

まじヤバいと思い、あたしはそこから本当に死にもの狂いで抵抗したのだけど、もちろん父はビクともせず、とうとうあたしは疲れ果て、ぐったりと脱力してしまった。

「ああ、りこ、りこ……かわいいよ、大好きだよ……」

父はそう言いながら、あたしの体を強く抱きしめる。

たくましい筋肉で覆われたその分厚く屈強な胸板が、あたしの柔らかい乳房をぐにゃりと押しつぶし、父が興奮して身じろぎするたびにグニュ、グニュニュ……と乳首をすりつぶすように圧迫してくる。

いつしかあたしは、えも言われぬ感覚に襲われるようになっていた。熱く力強い父の肉体に押しひしゃげられるうちに、キモチが昂りアタマがぼーっとしてきて、陶酔感のようなものを覚えてしまったのだ。

（ああ……三年前に病気で死んだ母さんも、おとうさんに抱かれるたびにこんなふうに感じていたんだろうか？）

そんな思いが胸をよぎり、あたしはなんだかせつなくなってしまった。と同時に、自分のカラダが甘く痺れたようになってきてしまったのを感じて。

「ああ、りこ、りこ……おとうさん、いっぱいいっぱいになってきちゃったよ」

父はそう言うと上半身を起こし、あたしのお腹の上に馬乗りになったまま立ち膝の体勢になると、自分のズボンのベルトを外し始めた。そしてズボンを下ろした中から現れた剝き身の存在に、あたしは度肝を抜かれた。

父のペニスは怖いくらいに固く大きくそそり立っていて、その長さは優に二十センチ近く、太さも5センチを超えていたのではないだろうか？　どちらかというと奥手だったあたしは、そのときまだヴァージンで、これまでに見たことのある男性器は、幼い頃に一緒にお風呂に入った父の、もちろん通常サイズのモノくらいであり、それと今目の前にあるこれが、まさか同じモノであるとは、にわかには信じられない思いだった。

「ほら……りこのことが欲しくてたまらなくて、こんなになっちゃってるんだよ？　ね、かわいそうだろ？　おとうさんのことが好きなら、これを受け入れてやってくれよ……」

父はそう言いながらあたしの小さくて頼りないショーツに手をかけ、グイッ、スルスルッと脱がせ取ってしまい、自らもズボンと下着を脱ぐと、ペニスを剝き出しになったあたしの股間ににじり寄らせてきた。

でもその瞬間、あたしは急に正気に戻ったようなかんじになり、恐怖のあまり再び叫び訴えていた。

「だ、だめっ！　やめて、おとうさん！　お願いだから！　こ、こんなことしちゃダメだよおっ……ね？　お願いだからぁ……！」

「何がダメなもんか……おとうさんはりこのことが好きだ、りこだっておとうさんのこと好きだろ？　じゃあいいじゃないか……な？」

「あ、ああ……あ、あああああああっ！」

股間にこれまでの人生で感じたことのない痛みが走り、続いて信じられない衝撃が中に押し入ってきた。

「あ、ああ……りこ、りこ、りこ、りこぉおおっ……！」

父のたくましい肉体の押し引きが、何度も何度もあたしのカラダにぶつかり、そのたびにあたしは激しく揺さぶられ……その苦悶に、あたしの意識は何度もとんでしまった。

「あ、ああ……あん、はぁっ…………」

でも、いつしかその苦悶は、淫らな心地よさに変わっていた。

父のたくましい男根で穿たれるたびに、あたしのカラダは快感で打ち震え、悶え喘ぐようになってしまったのだ。

「あひっ、ひぃ、ひあ……あ、あん、あはぁっ……」

「りこ、りこ、りこ……お、おおっ……」

そのとき、あたしはまだ「イク」という感覚を得るまでには至らなかったが、父はクライマックスを迎え、最低限の肉親の気遣いとして中出しだけはせず、あたしのお腹の上に大量の精を吐き出し、果てた。

信じられないことに、父はこの夜のことをまったく覚えてはいなかった。亡くなった母のことを想い、恋焦がれた挙句、酔った勢いのままに無意識であんなことをしてしまったのだろうか。

とにかく、このことがあたしの心に残した傷跡は大きく、以来、恋人をつくることも、まともに働くこともできなくなってしまったのだ。

■彼は私の顔の前にその熱く湯気の立つような肉の棒を突きつけてきて……

温泉旅行でゆきずりの若い欲望をぶちまけられて！

投稿者　中岡鮎子（仮名）／28歳／パート主婦

パートで仲良くなった近所の主婦仲間三人組で、「たまには骨休めしようよ」と、山あいの温泉宿に出かけました。

到着してすぐに「まずは温泉」というわけで、この宿の名物の大きな露天風呂でのんびり過ごして、ちょっとしたくつろぎスペースになっているロビーに出てきました。私はどちらかといえば早風呂のほうで、他の二人はもうしばらく出てこないような様子でした。

ま、とりあえずお先にビールかな、と、近くにあった自動販売機で缶ビールを買って、開けようとしたのですが、湯上りの指が滑ってなかなかうまくいきません。苦労していると、

「それ、開けましょうか？」

と、浴衣を着た大学生ふうの若い男がニコニコ笑いながら近づいてきました。まあ

断るのもなんですから、

「あ、じゃ、お願いします」

と缶ビールを差し出したところ、彼は慣れた手つきでシュポッとプルトップを開けてくれました。

「ありがとうございます」

「ＯＬさんですか？」

「やだ、主婦なんですよ。お友達二人と、骨休めに来てるの」

「えー、主婦ってことは人妻なんだ……全然それっぽく見えないですねえ」

「あら、口がうまいわねぇ。あなたは？　学生さん？」

「そうです。じゃなけりゃ、こんなところで平日からのんびりできませんよ」

別に他にすることもなかったので、彼としばらく話しました。一人旅の彼は、この山の奥に写真を撮りに来ているということでした。写真が趣味だというので、ちょっと暗い人かなと思ったらそうでもなく、なかなかおしゃべり上手な楽しいキャラクターで、結婚してからこっち、若い人と話す機会もあまりなかった私としてはとても楽しく、

「じゃ、よかったらゴハン一緒に食べません？」

と、気軽に声をかけたのです。

ちょうどそこへお風呂から上がってきた主婦仲間たちも乗ってくれたので、四人で楽しくビールを飲みながら、食べきれないほどの料理に舌鼓を打ち、いい気持ちに酔っ払いました。

「ちょっと散歩でもしませんか？」

彼の提案に、私は乗り気だったのですが、もう満腹しきっていた友達二人は動くのがかったるそうで、「いいから二人で行ってくれば？」との返事。

それでは遠慮なく、ということで、私と彼は他愛ないタレントの話などしながら、人通りの多い温泉街をぶらぶらと歩きました。私は学生時代に戻ったような気分で、男友達との何気ない会話を楽しんでいるつもりだったのですが……。

宿に戻って部屋を覗くと、二人はもうグーグー眠っていました。私はつまらなかったので、彼の部屋に遊びに行くことにして、廊下の自動販売機で缶ビールを何本か買いました。

歓迎してくれた彼と二人でテレビを眺めながらビールを飲み、時間もだんだん遅くなってきたので、「じゃ、そろそろ……」と言って帰ろうとしたのですが、その途端に彼の様子が一変したのです。

「帰る……んですか？　まだいいじゃないですか、二人で楽しくやりましょうよ」

「え、いえ、もうだいぶ遅いし……」

「そんなこと言って……あまりボクを焦らさないでくださいよ」

そう言うと彼は、私を押し倒すようにのしかかってきて、無理やり唇を奪ってきたのです。太腿に押しつけられたその股間のモノは、もうすっかり固くなって浴衣の下のパンツの生地を突き破らんばかりです。

「あ、ダメ……ねえ、あなた、誤解してるわ……私はそんなつもり……」

彼のキス攻撃を受けながら、私は必死に抵抗しようとしたのですが、若い男の強い力でがっしりと押さえ込まれてしまっては、もうどうしようもありません。

「奥さん、いいじゃないですか……たまには若い男とのアバンチュールも……」

浴衣の下には短パンとTシャツを身につけていたのですが、こんな状態になってしまっては、もう何も着てないも同然です。主人とは十才以上も違うこの若い男の荒々しい愛撫に、私は次第にされるがままになっていきました。

（ああ、最近、こんなにきつく抱き締められたこと、なかったかも……）

とはいうものの、このままヤられてしまうのもヤバいかなという気持ちもあり、なんとか逃れようとするのですが、かえってそんな行動が彼の欲望の火に油を注いでしまったようで、彼は短パンを脱がして私の股間に顔を埋めると、大きな音をたてながら、ビチャ、ビチャと舐め、吸い始めたのです。「あ、ああ……」

テクニックも何もない、ただ激しく啜り上げるだけの愛戯なのに、そのストレートな剝き身の欲望が、私の体の奥深いところをゆさぶり始めていました。

そうこうするうちに、彼はパンツを脱いで、私の顔の前にその熱く湯気の立つような肉の棒を突きつけてきました。私は顔を左右に振って拒んだのですが、頭を押さえつけられ、ソレを無理やり咥えさせられました。

（んんぐ！　……す、すごい、燃えるように熱い……！）

歳のせいか、どこかフニャリとし始めている主人のソレとちがって、まだまだ若いこの棒は元気も熱気も満点！　ついつい、いけないと思いつつ、吸ったり舐めたりしちゃいました。

「んぐっ……あ、はぁ……もう、で、出ちゃいそうだ……」

やっぱり若いだけあって、彼はすぐにイってしまいました。私の口の中で。後から後から生温かい液体が流れ出してきて、ぐほっ！　ってむせちゃったくらい。

やれやれ、これで解放してもらえる……と思ったんだけど、やっぱり若いからこれっぽっちじゃめげないんですね。射精したあとも休む間もなく私をガッシリと組み伏せて、しばらくするともう元気になっちゃって、太腿を強引にこじ開けると、ぐいぐいって、とうとうインサートしてきました。

「ああっ……ダメ、やめて！　お願い……」

「そんなのムリです！　もうボク、辛抱できないんですっ！」

くい、くいと肉の花びらを掻き分けるようにして、再びビンビンになったアレが中にズンズン押し入ってきて……。「あ、ああ……あふっ……だめっ！」とか言いながら、でも口とは裏腹にカラダは敏感に感じてしまって。若くて固くて大きなソレが私の奥底のトビラを叩くと、いくらでもイヤラシイ液体が流れ出してくるのが自分でもわかっちゃう。

一度出しちゃってることもあって、今度は彼も長持ちでした。体位こそずっと正常位のままだったけど、とにかく突いて突いて突きまくる、正攻法のエッチで、これでもか、これでもか……というしつこさに、私もとうとう、イかされちゃって……彼は二発目を私の胸元目がけて発射しました。

すっかりイキ疲れ果ててしまった私……あまり骨休めにはならなかったかも？

■挿入の力強い悦感に、里紗が繰り出すオッパイへの淫靡な悦感が合わさって……

裏切りの肉宴に叩き落とされ感じまくってしまった私

投稿者　柊るりか（仮名）／25歳／OL

同期入社で仲のいい里紗のこと、ずっと親友だと思っていたのに、まさかあんな仕打ちをされるだなんて……。

それは去年の春のことでした。

いきなり里紗が、今つきあってる彼氏がいると言い、私にも会ってほしいと。

「え、そりゃまあいいけど……どこの誰？」

「うんとね、営業二課の藤井くん」

「えーっ、そりゃまた意外〜っ！　藤井くんって里紗の好みと真逆だと思ってた」

「う、うん……まあ心境の変化っていうか、ね」

ということで、ずっとイケメン好きだと思ってた里紗が、かなりの地味顔で暗い印象のある藤井くんとつきあいだしたという意外性に驚きながらも、私は三人で食事することに同意したんです。

そして三日後の週末、夜の八時から会社近所の居酒屋に集まり、里紗と彼の、私に対するおつきあいお披露目（?）の食事会が始まったわけですが、なんかどうにも様子が変でした。

私は同じ会社でありながら、これまで藤井くんと一度も言葉を交わしたことがなかったのですが、それにしても彼はほとんど何もしゃべらず、里紗が言うことにただ頷いて相槌を打ったり、首を振って否定したりするだけで……おまけに時折私のほうを凄い陰湿なかんじの目で見てくるんです。なんだか感じ悪いな~と思いつつ、でも必死で場を盛り上げようとする里紗に免じて気を取り直しつつ、里紗がやたら勧めてくるビールや日本酒をちゃんぽんでグイグイ飲んでしまいました。だってそうしないともう間がもたなくて。

もともとアルコールにそんなに強くないこともあって、案の定ほどなくけっこう酔っぱらってしまいました。腕時計を見るともう十一時近くになっています。おぼつかない足取りで帰ろうとする私を、里紗と藤井くんが支えてくれながら店を出て、そのまま三人でタクシーに乗りました。ああ、さすがに今日はゲストである私に気をつかって家まで送ってくれるのかなあと思い、そのまま酔いつぶれてしまって……。

ところが、目を覚まして驚きました。

そこは、もう何度も来たことのある里紗のワンルームマンションの部屋で、私は後ろ手に両手を拘束され、しかも裸でベッドの上に寝かされていたんです！

「え、ええっ⁉　ちょ、ちょっとこれってどういうこと？　ねえ、里紗っ！」

思わずそう叫んだ私でしたが、本当のショックはそのあとに襲いかかってきました。なんと、ベッド脇に立つ里紗と藤井くんの二人も裸だったんです。今度はあまりに驚きすぎて、口を開けたまま言葉も出ませんでした。

すると、里紗がいかにも申し訳なさそうな口調で話し始めたんです。

「ごめんね、るりか、こんなことして。でも、しょうがなかったんだ。実は、あたしと藤井くんがつきあってるなんてウソで、本当は彼にすごい借金があって……その利息代わりにるりかのこと抱かせろって。あたし、どうしても断れなくって。だって利息分だけで十万以上あるんだよ」

私はますます開いた口がふさがりませんでした。

はあ？　里紗、親友の私を借金のカタに売ったってこと⁉

ようやく私は我を取り戻し、言いました。

「じょ、冗談じゃないわよ！　そんなことできるわけないでしょ！　ふざけないで！　大声出して叫ぶわよ？」

「無駄だよ、るりか。あたし、もう何度も言ったよね？　このマンション、狭いけど防音設備だけはしっかりしてて、ちょっとやそっとじゃ音が外に漏れないって。忘れた？」

ああ、そうだった……だからこれまで、何度も心置きなくここで夜中まで二人で騒いで酒盛りしてたんだった……。

「ま、そういうことだから、観念してよ、るりかさん。俺、もうずっと前から君のこと気に入っててさ。ああほんと、色が白くてきれいな体だね」

藤井くんがいやらしい笑みで口を歪めながら私ににじり寄り、胸に触れ、揉み回してきました。そうしながら、すでに自分のペニスも勃起させています。

「ああ、すげぇいい感触……柔らかいマシュマロみたい。乳首もピンク色で可愛くて……ふふ、突き立ってコリコリしてる……」

「んんっ……や、やめて……っ！」

「本当にやめてほしいの？　こんなにビンビンなのに？　意地張っちゃって、マジかわいいなあ。なあおい、里紗、おまえも突っ立ってないで、俺のチ○ポ舐めたらどうだ？　さらに協力して盛り上げてくれたら、利息分どころか元金も少しは勉強してやってもいいぞ？」

「えっ、ほ、本当……？」

　里紗はパッと顔を輝かせると、彼の足元にひざまずき、必死でそのペニスをしゃぶり始めました。ピチャピチャ、ジュブジュブとねぶり回しながら、

「はぁ、はぁ……ご、ごめんね、るりか……あたし、ブランドもの買いすぎてカードの限度額とっくに超えちゃって……それで、利息は高いけど、藤井くんが社内で個人的にお金貸してくれるって聞いて、それで……」

　と話し、私は、こいつ大人しそうな顔してそんなことしてるんだと呆れながら、でも、胸と同時にアソコに指を突っ込まれていじくり回され、その刺激にもうどうにも耐えられなくて、汁を溢れさせながら喘いでしまいました。

「あっ、あ、ああ……んくっ、ん、ふぅぅ……」

「ほらほら、もうベチョベチョの淫乱状態だ。じゃあいよいよこの美味しそうなオマ○コ、俺のチ○ポで直に味わわせてもらおうかな……おい、里紗、おまえはその間、るりかさんのオッパイ舐めてあげるんだ！　そのほうが絶対、よりアソコが締まって、チ○ポ気持ちいいに決まってる！」

「は、はいぃぃ……」

　里紗は、自分の唾液と彼のチ○ポ汁まみれでダラダラになった顔を上げると、言わ

れたとおり私の上半身に覆いかぶさり、胸をねぶり回して刺激してきました。

「そうだ、いいぞ。じゃあ俺は、こっちを……んんっ！」

力んだ声と共に藤井くんの固い勃起ペニスが私の肉ひだを穿ち、ヌブヌブと抜き差しを始めました。その力強い悦感に、里紗が繰り出すオッパイへの淫靡な悦感が合わさって、今まで感じたことのないような快感の波が押し寄せてきました。

「あん、あっ、あひっ……ひぃ、んああっ……あああっ！」

「う、うう～～っ、し、締まるぅ～～～……気持ちいい～～～～っ！」

「んぶっ、じゅぶっ、ぬはっ……はぁっ……」

三人の昂ぶった声が部屋中に響き渡り……その裏切りの宴は夜中の三時すぎまで繰り広げられ、私は心ならずも四、五回は絶頂に達してしまいました。藤井くんも意外なほど絶倫で、衰えることなく三発は放ったのではないでしょうか。

当然、この夜以降、私と里紗は絶交しました。

でも実は、藤井くんとはセフレ関係を継続中の私なんです。

第二章

鬼畜のカイカンに悶えて

■義兄は私の股間の肉を指でいじくり回しながらいきり立った男性器を入口に……

義兄の中に潜む肉の悪魔にこの身を引き裂かれて！

投稿者 日岡奈緒（仮名）／29歳／パート主婦

私には三つ年上の兄がいます。

ただし、血はつながっていません。

私が中学三年のときに父が交通事故で亡くなり、それから四年後に母が再婚。私にはいきなり新しい義父ができると同時に、当時すでに大学四年生だった義兄を持つことになったのです。

義兄は名を俊樹といい、私立の二流女子大に通う私とはちがって、現役で有名国立大学に入った秀才でした。しかも人気俳優の長谷川○己を思わせるイケメンで、元々ひとりっこだった私は兄という存在に憧れていたこともあって、あっという間に義兄に夢中になってしまったのです。

ところが、その正体はとんでもない悪魔でした。

それは母の再婚後、義家族同士での同居生活が始まって三ヶ月目のこと。

実は母と義父は、今さらもういいかと結婚式は挙げておらず、でも、いずれ落ち着いたら新婚旅行には行きたいねと話していたらしく、ちょうど義父の仕事にも余裕ができたということで、満を持して新婚旅行に行くことになったのです。といっても、国内の温泉地への三泊四日の旅程という、ささやかなものではありましたが。

「いってらっしゃい。楽しんできてね」

「うん、ありがとう。私とお父さんが留守の間、あなたも俊樹さんと仲良くするのよ。っていうか、あんまり俊樹さんに迷惑かけちゃだめよ？（笑）」

母からしてみれば私はいつまでも子供扱い……まあ、当の私自身にしてみても、大人びてしっかりしている義兄をすっかり頼りにしており、むしろこの間におもいっきり義兄に甘えられる！　と、内心、胸ときめかせてしまっているくらいでした。

母と義父を送り出し、ついに初めての私と義兄の二人だけの生活が始まりました。

夕方の五時すぎ、私が大学の講義を終えて帰ってくると、すでに義兄は家にいました。なんと、私のために夕食の準備をしてくれていました。

「おかえり。え、料理？　こんなの冷蔵庫の中にあるもの適当に見つくろって作っただけだから、たいしたことないよ」

やさしい微笑を浮かべながらそう言う義兄に、私はいつにも増してときめいてしまいました。ああ、こんな彼氏が欲しいなあ！　……って。

「それより、せっかくの二人水入らずの機会だから、兄妹になれたお祝いしようよ。奈緒、まだ未成年だけど……ワインの一杯くらい大丈夫だよね？」

と、いたずらっぽくウィンクしながら言い、ワインボトルを捧げ持つ義兄。私はその普段の雰囲気とはちがうギャップに胸をキュンキュンさせながら、思わずグラスを掲げ、注いでもらっていました。

「すばらしい兄と妹に乾杯。ずっと仲良くしていこうね」

「うん、かんぱーい！」

元々が真面目少女だった私は、実はお酒を飲むのはこのときが初めて……恐る恐るワインを口に含み飲み下したけど、ちょっと苦みを感じたものの思いのほかおいしくて、義兄がさらに注いでくるワインを続けて、二杯、三杯と……すると、

「あ、あれ？　なんだか顔が熱くなって……目が回る……」

見る間に酔いが回ってしまいました。

頭はぼーっとなり、すっかり体の自由が利かなくなってとまどっていると、すぐ目の前に義兄の顔がありました。今にも顔と顔がくっつかんばかりの勢いで……って、いや、もうくっついてる！　義兄の唇が私のそれに触れ、ぬるりと口内に這入ってき

た舌が歯茎を、上下の口蓋を隅々まで舐め回してきて……とうとう私の舌をとらえてきました。義兄の舌の生温かい肉感が私のにからみつき、じゅるじゅると舐め這いずり回り……あとからあとから唾液を啜り上げてきます。もちろんそれだけでは追い付かず、際限なく溢れ出し混ざり合った私と義兄の唾液が唇から顎、顎から喉元へと流れ滴り落ち、お互いの鎖骨の窪みを淫らに満たしていくのです。

「あ、あふ……はぁ、お、お義兄ちゃん……な、何してるの？　だ、だめだよ、こんなこと……私たち、兄妹なんだから……」

恍惚と意識が怪しくなっていきながら、私は己の中のありったけのモラルを掻き集めてそう訴えたのですが、義兄は、

「兄妹だからいいんじゃないか！　いや、血はつながってないんだからほんとの近親相姦に比べたら醍醐味は薄れるけど、それでも義理とはいえ兄と妹でやれるなんて、最高に興奮するシチュエーションだと思わないか？　ああ、ゾクゾクする……奈緒だって俺のこと、好きだったろ？　もうずっと俺のこと、熱い視線で見てたのはわかってたよ。さあ、二人で禁断の快感を思う存分味わおうぜ！」

「わ、私は……ち、ちがうっ！」

必死で抵抗し、義兄の言うことを否定する私は、同時にここに至ってようやく、優

等生の彼の中に潜むとんでもない正体に気づき、戦慄していました。

本来なら決して肉の交わりを犯してはならない、兄と妹という関係性にこそ淫らな悦びを見出し、興奮してやまないなんて……この人は、正真正銘の狂った変質者なんだ！　私との間に純然たる血のつながりがないことを、むしろ悔しがっている……ああ、なんておぞましい！


「ふふ、その汚らしいものを見るような目……でもな、俺にはお見通しだぜ。そういうやつに限って、いったんその禁断の快楽を味わったが最後、今度は自分のほうが抜け出せなくなっちまうんだ。つまり、おまえは俺の中に本当の自分を見てるってわけだ。一種の近親憎悪っていうやつ？」

義兄は歪んだ笑みを浮かべながら私の衣服を脱がせていき、あっという間に裸に剥いてしまいました。まだ誰にも触れられたことのない胸元の丸く白い双丘が、汚れを知らない股間の淡い茂みが、ダイニングキッチンの白い照明の下、露わになりました。

「奈緒、おまえ、俺の目に狂いがなきゃ……これが初めてだよな？」

もちろん、図星です。

これまで幾度となく肉の誘惑はあったものの、私はかたくなにそれを拒んできました。自分の貞操は、本当に好きな相手にしか捧げない……そう誓って。

ところが今、それを私は一つ屋根の下に暮らす自分の家族に奪われようとしているのです。こんな皮肉なことってあるでしょうか？

義兄の手指が私の左右の胸に触れ、乳房を揉みしだき、乳首を摘まみこね回してきて……そこに熱い舌先を這わせ、からみつかせ……チュウチュウと音をたてて吸い上げられた日には、私はその否定しようのない甘酸っぱい快感に乱れ悶絶していました。

「あうぅ、んんっ、くぅ……ひっ、ひあぁ……あっ、ふぅん……」

そんな私の様を舌なめずりするように眺めながら、義兄は器用に自分も衣服を脱いで全裸になっていました。その優等生然とした外見とは裏腹に、黒光りするような凄みをたたえた、いかにも経験豊富そうな不良然とした男性器が姿を現しました。怖いくらいに勃起したそれは身震いするようにビクビクと震え、もう肉の挿入が待ちきれないといわんばかりに先端から透明な汁を滲ませていました。

「あっ！　……んんん、んっ……んあぁぁっ！」

「ふふ、こっちのほうもすっかり濡れてこなれてきたみたいだ」

義兄は私の股間の肉を指でいじくり回しながらそう言うと、いよいよ体勢を整えて自分のいきり立った男性器を入口に当てがってきました。そしてそのまま、ズブズブズブ……と穿ち入れてきて……！

「ああっ！　はぁっ……痛ぅ……んぐっ！　ひぃぃっ……いやぁあっ！」

私の股間から子宮にかけてを激痛が走り抜けました。これが破瓜《はか》の痛みか……妙な感慨を覚えながら、しばらく義兄の挿入の痛みに耐えているうちに、いつしかそれは初めて感じる快感に変わっていきました。

「ああ、奈緒……いいぞ、いい……俺のを引きちぎらんばかりに締め付けてくる！」

「んくっ……うっ、くはっ……あ、あああっ……」

「……うっ、うぐぐ……あ、ああっ！」

私が絶頂というものを感じたか感じないかのうちに、義兄はズルリと男性器を抜き、私のおへそのほうに向けてドピュ、ズピュ……と、白濁液を射出していました。

それには紅白のマーブル状に、私の血がピンク色に混じり込んでいました。

その日以来、義兄は定期的に私を求め、私もそれを拒否できず……お互いに結婚して家庭を持つ身でありながら、未だに関係は続いているのです。

この禁断の日々に、果たして終わりはあるのでしょうか？

■彼はやさしさのかけらもない乱暴さで私の乳房を鷲掴み、荒々しく揉みしだいて……

犬の散歩仲間の彼との早朝アニマルSEXに乱れて

投稿者 村尾由香（仮名）／36歳／専業主婦

　私の朝の日課は愛犬リョウマ（ゴールデンレトリバー／♂七歳）の散歩。毎朝六時半に家を出て、だいたい三十～四十分ほどお決まりのコースを行くんだけど、毎朝決まって顔を合わす散歩仲間の三波さん（四十歳）という男性がいます。

「おはようございます。おや？　今日のリョウマくん、ちょっと機嫌が悪そうですね」

「ええ、さっき出くわした、初めて見る顔のプードルの女の子になんだか激しく吠えちゃって……ちょっとときつめに怒っちゃったんです」

「ははは、リョウマくん的にはいけ好かない女だったのかな？」

　そう言って笑う三波さんがつれている柴犬のエルビス（♂六歳）と仲良さげに無邪気にじゃれるリョウマを見ながら、私は苦笑い。

　ああ、でも、同じ犬好きの三波さんとのこの毎朝の交流は、私にとってもたまらなく楽しみな日課なのでした。そう、淋しい淋しい日々を送る私にとって……。

外資系の証券会社に勤める夫（三十八歳）は、年収一五００万のエリートでイケメンで、私にとっても自慢の存在なのだけど、あまりにも仕事が忙しすぎて……実は今日も仕事の関係で朝五時にはもう家を出ていき、どうせ夜帰ってくるのも午前様に決まってます。そう、私、まったく夫にかまってもらえてないんです。ぶっちゃけ、ここ半年ほどもう完全なセックスレス状態。

だから、毎朝気さくに話しかけてくれて、しかも（夫ほどではないけど）かっこいい三波さんとのやりとりは、女として飢え渇いた私にとって、ほんとにもう心のオアシスで……正直、彼と話してる間に、私ったら軽く欲情しちゃってる始末。

そしたら、まるでそんな私のホンネを見透かしたかのように、三波さんが、

「奥さん、なんだか今朝はえらく疲れてるように見えますよ？　いけないなあ、そんな状態でリョウマくんの散歩してたら、どんな事故が起こるかわかったもんじゃない。ねえ、もしよかったら、どこかでちょっと休んでいきませんか？」

なんて言いだしたんです。

「実はこの近くに僕が懇意にしてるペットホテルがあって、何かと融通利かせてくれるんですよ。頼めばお互いの犬を二時間ほど預かってもらえると思うから……ね？」

と言いながら、何気に私の腰に手を回してきて。

その瞬間、甘い電流が私の下半身をビリビリと走り、思わず恥ずかしい部分がじゅんと潤むのを感じていました。私は声を上ずらせながら、

「えっ、でも、三波さんもこれからお仕事が……」

と言ったのですが、三波さんは、

「大丈夫。僕は自営の一級建築士だから、その日の仕事なんて勝手気ままなものさ。妻とは今別居中だから、そっちも気を遣う必要ないし。さ、行きましょ？」

爽やかな笑みでそう答え、片手にエルビスのリードを持ちながら、もう片手で私の腰をぐいぐいと押しやってきました。私はリョウマのリードを摑みながら彼に従って歩き、もうココロは決まっていました。

っていうより、もうカラダの抑えが利かなくなってしまっていたんです。

お互いの愛犬をペットホテルに預けたあと、私たちは近くにあるラブホに向かいました。朝の七時すぎ、エントランスにあった『早朝サービス！』の表示が二人を歓迎してくれました。ますます気分は高まりました。

部屋に入り、お互いに愛犬の散歩でかいた汗をシャワーで軽く流し……それぞれ素肌にガウンという格好でベッドインしました。

私は夫と結婚してからのこの十年、夫以外の男と寝たことはありません。だから、

まるで初めて抱かれる処女のように緊張し、胸を高鳴らせていました。

三波さん、どんなセックスするんだろ？　犬好きで、あれだけいつもエルビスやうちのリョウマにもやさしくにこやかに接してくれるのだから、きっとさぞ思いやりがあって慈しむようなエッチをしてくれるんだろうなあ……。

そんなふうに思いながら、胸はドキドキ、アソコはジンジン。

三波さんはやさしい笑みで私の目を見つめながらガウンを脱がしてきて……恥ずかし気に顔を出す、私のまだ張りを失っていないFカップの乳房と、ピンクと茶色の中間ぐらいの色味の大粒の乳首。

と、その瞬間でした。三波さんが豹変したのは。

「うほぉっ、すげえ！　でかくてスケベそうなパイオツ！　乳首もさぞいやというほどいろんな男にしゃぶられてきたんだろうなあ、エロい形してるぜ！」

初めて見る下品そうに歪めた表情で下卑た言葉を言い放ち、自らもガウンを脱ぎ捨ててると、やさしさのかけらもない乱暴さで私の乳房を鷲掴み、荒々しく揉みしだいてきたのです。ギリギリ、ギュウギュウ……肉房が苦痛にきしみます。

「ひいっ！　い、痛いっ……や、やめてえっ！　も、もっとやさしく……」

私が思わず悲鳴をあげ、そう訴えると、三波さんは、

「ははっ、ふざけるな！　盛りのついたメス犬みたいに腰をくねらせながら、俺の誘いにホイホイついてきたド淫乱女のくせに！」

そう言い放ち、今度は乳房にむしゃぶりついてくると、乳首を喰いちぎらんばかりの勢いで激しく吸いたて、歯を立ててきました。

「あぐぅ……ひっ！　やあぁっ……あっ、あひぃぃぃっ！」

「ほらほら、口ではいくら嫌がってみせても、見てみろ、乳首もうこんなにビンビンだ！　痛くしてもらってほんとは嬉しいんだろ？　このメス犬……いや、メス豚が！」

三波さんのその口調は、まさに鬼でした。憎悪さえ感じさせるほどの険悪さで私の羞恥心を責め苛み、淫らな性根をとことん追い詰めてきて……！

「あっ、ああっ！　そう、そうよ……感じるわあ！　もっと、もっとひどく私のこといじめてぇっ！　んあっ……はぁ、あ、あああああっ！」

無意識に炸裂してしまった自分の思わぬ本性の叫びに、昂ぶりに……私はうろたえ、でも、際限なくせり上がってくる興奮に呑み込まれていきました。

信じられないほど気持ちよかったのです。

三波さんは今度は私の股間のぬかるみに指を突き入れ、掻き回してきました。

「あひぃっ！　いい……んぐっ……はう、ああん！」

「ほらほら、早くこのぶっといチ○ポ、ここにぶち込んでほしいんだろ？　だったらしゃぶって、おもいっきり大きく硬くしろよ！　おらぁ！」

「はぐっ、んぶ、んじゅぶ、うぶ、ぬじゅぶ……ああっ！」

私は言われたとおり必死で彼のペニスをフェラし、そのガチガチにいきり立った肉棒をとうとうアソコに迎え入れました。

「ああっ、ひいっ……はふっ、んふ……いい、いいのぉぉ～～～っ！」

「うぐぅ……すげえ、し、締まるぅ……はぁはぁはぁ……ん、んぐっ！」

「はぁっ……イク、イク……イ……あああぁ～～～～～っ！」

たっぷりと中出しされながら、私はもう思い出せないほど久しぶりにイキまくり、そのあとさらに二回も求めすがってしまいました。

それから、コースを変えたのか、三波さんと朝の散歩で出くわすことはなくなってしまいました。またメス犬みたいにひどくいたぶり愛してほしいのに……。

リョウマを散歩させながら、思わず股間を疼かせてしまっている私なのです。

■あたしはそそり立った彼のモノを、根元をしっかりと摑んで自らの肉裂の奥へ……

最低元夫の最高エッチに我を忘れてイキまくって

投稿者　西村さとみ（仮名）／25歳／アルバイト

三ヶ月前、離婚して実家に出戻ってきた私。

離婚の原因は、元夫・ヒロキ（二十七歳）の度重なるＤＶと浮気。

最初っから、親はもちろん、まわりの友人や知人のみんなからも「あいつだけはやめとけ」って反対されたんだけど、某大手ＩＴ企業に勤めるエリートな上に顔もよくって、しかも……エッチが上手で精力絶倫！　そんないわば、上っ面な魅力に抗えなくて……結果、結婚生活は一年も続かず、案の定、人間性二の次で早まっちゃった私の負けってかんじ？

まあ、私は一人娘だったもんで、両親も「世間体が悪い」とかって愚痴りながら、なんだかんだいって、私が帰ってきたことが嬉しかったみたい。温かく実家に迎え入れられ、私はとりあえずコンビニのバイトをしながら、女の人生の仕切り直しを図ってたっていうわけね。

ただ、そんな穏やかな生活の中、たった一つの誤算は、私のカラダがヒロキとのエッチを忘れられずに、やたら疼いちゃうっていうこと……それぐらい、あいつのアレとテクはすごかったわけなんだけど、一方で精神的にはさんざんな目にあわされておきながら、私ってどんだけ好きモノなんだって話よね？　自分で自分にあきれちゃいます、ほんと。とりあえず、オナニーでやり過ごすしかないかなって。

でも、そんなある日のこと、思いがけないことが起こっちゃって……なんと、ヒロキのやつがいきなり実家に乗り込んできたの！　ちょうど両親は出かけてて、家には私一人だった。

「ちょ、ちょっと……何しに来たのよ⁉　こんなの不法侵入よ！　早く出てかないと警察呼ぶわよ！」

玄関から上がり込んできたやつに、私は必死でそう言って抵抗したんだけど、全然怯む様子もなくて……それどころか、顔にいやらしい笑いを浮かべながら、こんなことを言い始めたのね。

「そんなにつれなくするなって。前はあんなにヤリまくった仲じゃないか、ん？　いや、なんか今つきあってる女があんまりあっちの具合がよろしくなくってさ。そういやおまえのオマ○コはよかったなあって思い出してたら、なんだかもう居ても立ってもいられなくなっちまって……来ちゃいましたーってわけ」

「……なっ！　なに勝手なこと言ってんのよ？　早く帰らないと本当に警察……」

私はそう言って、ズカズカ居間に入り込んできたやつを押し返そうとしたんだけど、いきなり体を抱きすくめられて、

「まあまあ、おまえだって、そろそろ俺のコレが恋しくてたまらなくて、カラダ疼かせちゃったりしてたんじゃないの？　お見通しだぜ？」

そう、耳朶を噛まんばかりの勢いで囁かれながら、股間のすでに固くなった昂ぶりを下腹部にぐいぐい押しつけられ……ま、まずい！

「もうバカ、やめてったら！　やめっ……！」

私にも意地があるから、ここで屈してなるものかって、なんとかあがこうとしたんだけど……だめだった。

押しつけられた股間の昂ぶりから、ゴウゴウとエロいエネルギーが流れ込んでくるみたいで、それが私の下腹部いっぱいに満ちて……アソコがジンジン、ジュンジュン、熱く疼いて蕩けるみたいになっちゃって……！

「あっ、ああっ……や、やめてっ……！」

「はっはは一。いくら口ではそんなこと言ったたって、ほら、ココは……」

ヒロキはおもむろに私のジーンズのジッパーを下ろして下着の内側に手をねじ込んでくると、生アソコに指を差し入れてきて……！

「やっぱりもうトロトロのグッチョグチョだ！　パンティだって濡れ濡れじゃないか！　ほんと、カラダは正直だなー」

「ち、ちがう……や、やめてっ……」

「うるさい、この淫乱出戻り女がぁ！　早くココに俺のすごいチ○ポぶち込んで欲しくて仕方ないくせにっ！」

「あっ……あ、ああっ……！」

アソコの肉ビラをグチャグチャに掻き回され、私はその乱暴なまでの快感にたまらず腰くだけになり、全身の力が抜けてしまった。そんな私をヒロキは軽々と持ち上げると、勝手知ったる二階の私の部屋へと向かい、ベッドにどさっと放り投げた。そして、またたく間に私の服を脱がせて素っ裸に剝くと、自分も同じ格好になって覆いかぶさってきた。

「うんうん、これこれ！　やっぱこのカラダだよ！　でかいだけのバカパイじゃない、しっとりとした美乳……うーん、この吸いつくような感触、ほんとたまんねえ！」

そうやって、レロレロ、ヌチュヌチュ、チュウチュウと胸を吸われ、ねぶり回されながら、私の性感はどんどん蕩けまくっていっちゃって……と、その流れでなんのことわりもなく、やつが挿入してきたの。

「ああっ……あふっ、んふ……はぁっ、はっ……あ、あああん！」

それは本当に、私が離婚後密かに欲し続けた、恥ずかしながら待望の感覚で、激しいピストンが打ち込まれるたびに、全身が快感の振動に飛び跳ねちゃって。

ああ、もっともっと、もっとちょうだい……！

私の中からはもう、意地もプライドも抵抗も消し飛んでしまっていて、ただただ淫乱なメス犬になって、ヒロキのチ○ポを、その力強い貫きを貪欲に欲し求めるだけ。

ところが、そこでやつはいきなりチ○ポを抜いちゃった。そして、まるで私の本心を見透かしたかのように、

「ふふふ、さあ、もっとオマ○コしてほしかったら、一生懸命これをしゃぶって、とことん俺に奉仕しな！　ほらほら、早くしないとおまえの大好きなこいつが、どんどんしぼんじゃうぞ！」

と言って煽り、私もそれになんの躊躇もなく応え、無我夢中でむしゃぶりつき、全身全霊でフェラしてた。ほんと、固くて太いチ○ポ欲しさに、もうケダモノ。

「うう……ん、んん……ああ、いいぞ、いいかんじだ……うっ、ふぅ……」

目を薄く閉じて、私のフェラに身を任せてたヒロキだったけど、

「うう……よし、さあ、奥の奥までとことんぶち込むぞ！」

そう一声あげると、私を四つん這いにさせて、バックからすごい勢いでチ○ポを突き入れてきた。ああっ、これこれ、私の一番好きなやつ！

「あひぃ、ひっ……あっ、ああ！　はぁっ、はっ……」

「くうっ、いい、いいぞっ！　最高の締まり具合……ああっ！」

「もっと、もっと激しく！　子宮まで貫いてぇっ！」

「はっ、はっ、はっ……う、くうっ……！」

「あ、あん、ああ……イク、イクの～～～～～っ！」

その後結局、私は三、四回、絶頂を味わい、ヒロキは二発射精した。

ほんと、最高のカラダの相性、最高のカイカン。よりを戻すつもりはさらさらないけど、元夫のセフレっていうのも、悪くないかもね？

■いつもなら射精後しぼんでしまうはずの僕のペニスが、変わらず勃起したまま……

快楽と苦痛とがないまぜになったエンドレスSEX地獄

投稿者　田中哲也（仮名）／32歳／会社員

いや、もうほんとまいった……死ぬかと思った僕の体験、聞いてもらえますか？

それはちょうど一ヶ月前のこと。

僕、新しく入ってきた派遣社員の子に一目ぼれして、よく言えば行動力にものをいわせて、でも悪く言えば衝動的に彼女に告っちゃったんですけど、けっこうあっさりとOKしてもらえて。で、つきあい始めてみると、これがもうほんと、サイコーにいい子で、顔とカラダはもちろん、性格もいいし、料理も上手いし、そしてアレの相性も今までつきあったどの女よりもよくって……もう完全、結婚を念頭に置いての本気モードになっちゃったんです。

ただし、ここで問題がひとつ。

そのとき、僕には奈々緒っていう、別につきあってる子がいて……アラサーの後輩OLなんですけど、まあまあ気に入ってたんで（もちろん、さすがに結婚まではNG）、一目ぼれした本命の子とつきあいながらも、いつそれがダメになってもいいように、キープってかんじにしておいたんです。でも、ここはやっぱキチンと別れなきゃだめだなって思って。

それである日、きちんと伝えたんですね。「他に好きな子ができた。別れてほしい」って。そしたら、なんか急に黙り込んじゃって……優に五分は一言もしゃべらなかったんじゃないかな。さすがに僕も不安になってきて、肩に手を触れようとしたら、いきなりぶわって涙溢れさせて、そのまま後ろ向いて走り去っちゃったんです。

うわー、大丈夫かな……って、ドキドキしてたんですけど、翌日彼女からLINEにメッセが来て、

『わかったわ、別れましょう。でもその代わり、最後に一回だけデートして。それで思い残すことなく、私、きれいさっぱり哲也のこと忘れるから』

と。ああ、よかった、変にこじれなくてってかんじですよね。まあ僕としても決して彼女のことが嫌いなわけじゃないから、最後にエッチできるんなら、それはそれでラッキーみたいな。え？　サイテー男って？　いやいや、男なんて所詮みんなこんなもんでしょ？

その週末の夜、彼女と食事して、お酒飲んで。

そして、これまで何度となく二人で利用した御用達のホテルに行きました。

お気にの部屋に入って、二人でささっとシャワー浴びて、ほとんど濡れた体を拭かないままもつれるようにベッドに倒れ込んで……と、なんとそこでプッッと僕の意識が途切れちゃったんです。もう何が何やらわからないまま。

で、目覚めると、僕は裸のまま、両手足を大の字の格好に広げさせられ、ベッドの四隅にヒモで縛りつけられていたんです！

「お、おい、奈々緒……これっていったい、なんのマネ？」

わけがわからないまま訊ねる僕に、彼女が答えました。

「うふふ、さっきのレストランで、哲也がトイレに行ってる間にワインのグラスにちょっぴり薬を入れさせてもらったの。ちょうどいいタイミングで効いてくれてよかったわ。私が服を脱がさなきゃなんないとか、面倒だもの」

「な、なんでそんなこと……？」

「あのね、私だってあなたがヤリチンのサイテー男だってこと、いやというほどわかってるわ。でも、それでも好き……ホントは別れたくない。だけどいくら泣いてすがってもダメだろうから、最後にとことん『思い残すことなく』あなたとのエッチを楽しむためにこうさせてもらったのよ」

「はあ……？　そんなの、何もこんなことしなくたってやってあげるのに……」

「あのね、やってあげる、とかじゃないの。私自身がほんとに心の底から満足するまで、あなたが『やられる』側なのよ！」

そ、そーゆーことかーッ！

それからは、いくら僕が彼女をなだめすかし、思いとどまるように言ってもムダで、僕はさらに無理やり何かの薬を飲まされることになりました。

「これ、私があるヤバ～イ筋から入手したスペシャルなお薬……これを呑んだが最後、いくら射精しても、最低三時間は勃起が治まらないっていう代物よ。さあ、何回私のこと、イカせてくれるかな？」

奈々緒はそう言うと、僕のまだおとなしいペニスを手にとって咥え、いつもの巧みな舌戯で濃厚にしゃぶり始めました。すると、いつにも増して僕のソレは強烈に反応し、あっという間にガチガチに勃起しました。その膨張っぷりはなんだかもう痛いくらいで、僕はまるで十代の頃に戻ったような感覚を覚えました。

「ああ、大好きな哲也のチ○ポ……他の女のモノになっちゃうなんて……悔しいから切り落としちゃおっかな？」

「ひぃっ！　ば、ばかなマネはやめろっ！」

「うふ、冗談よ。でも、しばらくはエッチしたくなくなるほど擦り剝けちゃうくらい、ヤってヤって、ヤリまくってやるんだから！」

奈々緒はちょっと狂的なまでに上気した顔でそう言い、さんざんしゃぶりまくったあと僕の上にまたがると、目をらんらんとギラつかせながら見下ろしてきました。

「さあ、それじゃあそろそろ入れさせてもらうわね」

彼女は僕のペニスの根元を支えて直立させると、そこに向けてズブズブと腰を沈め、オマ〇コに呑み込んでいきました。

「あ、ああっ……はぁ、あ、ああん……」

心なしか、彼女の胎内はいつにも増して熱くうねっているように感じられました。

「んん……くっ、うぐっ……はぁっ……」

「ああ、哲也のチ〇ポ、いいっ！　すごい、キモチイイッ！　ああッ！」

僕の上で跳ねる彼女の勢いがどんどん激しくなり、その大きな胸がブルンブルンと揺れ乱れ、飛び散った汗がこちらの顔まで降りかかり……僕の身内からもグングンと昂ぶりがせり上がってきて……。

「ああっ！　奈々緒っ！　で、出るっ……！」

「はぁぁん、きてきてっ！　哲也のドロドロで熱いの、いっぱい出してぇっ！　はっ、ああ……あああ～～～～～～っ！」

彼女は絶頂の悲鳴をあげ、僕もたまらずその胎内に精を射ち放っていました。

「あ、ああ……はぁっ……」

いつもより何倍も感じるような快感を味わいながら、思わず気の抜けたような声を漏らしてしまった僕でしたが、奈々緒はちがいました。

「はぁ、はぁ、はぁ……まだまだこれからよっ！　休んでる場合じゃないわよ！」

そう言うと、今度は体を前に倒し豊乳を僕の胸に押しつけ、なすりつけるようにしながら、腰をうごめかせてきました。すると、いつもなら射精後しぼんでしまうはずの僕のペニスが、変わらず勃起したまま力んでいくのがわかりました。

「ああ、哲也……私の中でいっぱいになってる……」

奈々緒はそう言いながら、またゆっくりと前後にグラインドを始めました。そしてそうしながら、思いっきり首を伸ばして僕の唇をキスでむさぼってきます。

「んぐっ……ん、ん、んんっ……ふぅ」

「んぶっ……はぁっ、ああ……哲也ぁっ！」

そうこうするうち、また昂ぶりが押し寄せてきました。性懲りもなく再びペニスが熱くみなぎってきます。

「あっ……はぁっ、あ、あああぁっ……！」

「あああぁ……哲也っ！　また熱いのいっぱい出たっ……！」

本当に奈々緒の言ったとおり、僕のペニスは萎えるということを知らずに勃起し続け、彼女に求められ、責められるままにその肉壺を貫きえぐり、そして昂ぶっては精を放つことを延々と繰り返しました。

そうやって二時間ほどが経ったでしょうか。

さすがにペニスの表皮がヒリヒリと痛み、射精感はあるものの、いよいよ実際にはほとんど精液が出なくなってきた頃合いで、ようやく彼女は満足したようで、僕を解放してくれました。

「お疲れさま。彼女のこと、あんまり悲しませせちゃだめよ」

彼女はそう言って去っていき、僕ときれいさっぱり別れてくれたのでした。

ほんと、死ぬかと思うような、いつ終わるとも知れない快楽と苦痛とがないまぜになった、忘れられない体験でしたね。

■彼はすごい量の精液を私の体奥深く注ぎ込み、私もそれをゴクゴクと受け入れて……

女としての絶望の果てにナマでヤれる肉人形にされた私

投稿者 柴田亜由美（仮名）／28歳／教師

高校で音楽の教師をしています。

同僚で保健体育の教師の知之（三十歳）と、もう二年ぐらいつきあっているのですが、なかなか結婚まで踏み切れません。知之のほうが煮え切らないからです。

彼は人柄もよく、教師としても優秀で多くの生徒から慕われています。私としては早く結婚して、彼の子どもを産みたいと願っていたのですが……。

ところがつい最近、とても悲しくショッキングな出来事がありました。

ここ数日、お腹から下半身にかけてなんとなく調子がおかしいなと思った私は、病院の婦人科で診察を受けたのですが、そこでとんでもない事実を知らされたのです。

それは、私の子宮には先天性の重篤な異常があり、妊娠は九十九パーセント望めないであろうということ。

それはもう落ち込みました。さんざん泣きました。とっても子供が欲しかったから。

絶望のあまり、一瞬、自ら命を絶つことも考えましたが、なんとか思いとどまりました。そして、これからの人生を改めて仕切り直すためにも、このことを知之に伝えようと決心しました。この事実を知って、彼が私と別れようとするのか、それともあえてつきあい続けてくれるのか……彼がどう判断しようが、それはそれでかまわないと思いました。とにかく真実を話し、本当の自分を知ってほしかったから。

「そうだったのか……」

その週末、ドライブデートの車中で私が勇気を振り絞ってこの事実を伝えると、彼はそう言って絶句しました。でも、たっぷり五分ほどもお互いに沈黙の時間を過ごしたあと、彼はとてもやさしい口調で言ってくれたのです。

「とてもつらかったろうに、よく話してくれたね。大丈夫、たとえ子供が望めなくても、俺は亜由美のことを心から愛してる……つきあい続けよう。いや、結婚しよう」

思いがけない言葉に、私は嬉しさのあまりぽろぽろと大粒の涙をこぼしていました。

「ほ、ほんとにいいの？　お父さんになれないのよ？」

「くどいなあ、いいって言ってるじゃないか」

彼はにっこり笑うと、路肩に車を止めてシートベルトを外し、助手席の私のことをきつく抱きしめ、キスしてくれました。それは、今私から聞かされた事実の重さ・暗さとはまるで真逆の、情熱的で燃えるような口づけで……舌を差し入れられ、からめられ、吸われ、そのまるで私の体液のすべてを搾り尽くさんばかりの濃厚さに、思わずくらくらとめまいを感じてしまうほどでした。

これまでの知之の、なんとなく結婚に対して煮え切らない態度を考えると、てっきり捨てられるものとばかり思っていた私は、その反動もあって信じられないくらい、心身ともに燃え上がってしまいました。

「ああ、嬉しい……知之、知之……好き！　愛してるわ！　今すぐあなたに抱かれたくてたまらない……！」

互いの唇の間にツツーと唾液の糸を引かせながら顔を離すと、彼は私と自分の顔をハンカチで拭い、シートベルトを締め直して車をスタートさせました。

「ああ、俺も亜由美のこと抱きたくて仕方ない。ホテル、行こう」

「うん！」

それから十五分ほども行った湖のほとりにラブホテルを見つけた私たちは、そこへチェックインしました。

そして部屋に入るなり、私は知之の首っ玉にかじりつき、さっきとは逆に自分のほうから貪るようなキスをしました。さらに、彼の舌をジュルジュル、チュウチュウと吸いながら、ズボンの股間をまさぐり撫で回し、激しくいじりまくりました。ここまで積極的に私のほうから求めたことなど、これまで一度もありませんでした。それくらい、昂ぶったテンションが性欲を煽りたてていたのです。

「はあ、はあ、はあ……ああ、知之……愛してる、大好きよ！」

だんだんと大きくなっていく彼の昂ぶりを確かめながら、私はその場にひざまずくと、息せき切ってズボンのベルトを外し、下着ごとずり下ろして下半身を剝き出しにしました。ビョンッ！　というかんじで彼の勃起したペニスが跳ね上がりました。

「ああ、知之、知之、知之……っ！」

私は自分でも服を脱ぎながら、かぽっと咥えた彼のペニスを手を添えずにしゃぶり始めました。これも、私としては信じられない行動です。今まで、正直フェラってあまり好きではなく、彼から何度も乞われてようやく、というかんじだったので。でも、このときは美味しくてしょうがありませんでした。次第に先端から滲み出してくるカウパー液の苦みまで、とても甘美に感じてしまうくらいです。

「ああ、おいひぃ……んぶっ、んじゅぶ、ぐぷ……知之のオヒンポ、とってもおいひいの……んぶっ、じゅぶっ、うぶうぶ……」

「ああ、亜由美……す、すげぇ……き、気持ちいいっ……」

そういって喘ぐ彼の声が、さらに私の欲望テンションを昂ぶらせてしまいます。もっともっと、彼のことを悦ばせたくてたまらない……そんな気分でした。

そんな勢いの中、すでに上半身裸になっている私は、フェラしたまま右手で自分の乳首をいじり回して感じながら、左手は彼の玉袋を摑み、コロコロと転がすように揉みしだいていました。それにますます感じたのか、私の口の中で彼のペニスが一段と固く大きく突っ張りました。

「あ、ああっ、も、もうダメだっ！　あ、亜由美っ……！」

彼は切羽詰まったような声をあげると、私の体をガバッと抱き起こしました。そしてそのままお姫様だっこの格好でベッドへと運んでいきました。そしてボフッとその上に放り投げると、上からのしかかってきて、スカートとストッキング、そしてパンティのすべてを剝ぎ取り、全裸に剝いてきました。

「ああ、亜由美……好きだよ」

知之はそう言いながら、自分もポロシャツとジャケットを脱いで全裸になり、息を荒げながら、こう言いました。

「なあ、亜由美、今日はナマでヤってもいいよな？　何も子供ができないからっていうわけじゃないけど……邪魔なゴムなんかナシで、亜由美と一つになりたいんだ！

な、いいだろ、亜由美？」

そう、私はこれまでは、結婚前に過ちはよくないとかたくなに思い、彼にコンドームなしでセックスすることを決して許してこなかったのです。それを彼は不服そうにしながらも、渋々という感じで聞き入れてくれていました。

でも私も、今日くらいは……いいえ、これから先ずっと、ナマでやらせてあげてもいいと感じていました。たしかに妊娠のリスクはほぼないし、そしてなんといっても、彼も言ったように『この愛する人と本当の意味で一つになりたい！』と強く欲したからです。

「ええ、いいわ！　ナマで入れて！　知之を直接感じさせてっ！」

「亜由美ぃっ！」

彼はすごい勢いで剝き身のペニスを突っ込んでくると、ジュブジュブ、ズニュズニュとあられもなく淫らな擦過音をたてながら、私の女陰を貫きまくってきました。その感触は、たしかにコンドーム越しよりもくっきりとして、これまでの何十倍も感じるように思いました。

「ああっ、知之、知之っ！　いい……いい〜〜〜〜〜っ！」

「ああ、亜由美……うっ、くぅ……！」

ほどなく彼は、初めてそのすごい量の精液を私の体奥深く注ぎ込み、私もそれをゴクゴクと飲み下すように受け入れたのです。

それはそれは、幸せな瞬間でした。

ところがその数日後、私は同僚教師の早苗からとんでもないことを聞かされました。

「ねえ亜由美、私、すごいこと聞いちゃったんだけど……」

「え、何……?」

「なんでもあなたの大好きな知之さん、仲のいい同僚男性教師に、あなたのこと、妊娠の心配がなくなってラッキー、ってほざいてるらしいわよ?」

「なっ……まさか、そんなのウソよ……」

「いいえ。これから先、心行くまでナマでヤリまくってやるんだって、そりゃもう喜々として話してるって。結婚するつもりもこれっぽっちもないって」

「そんな、そんな……!」

私はショックで泣きくずれながら、こう思ったのです。

ほんものの鬼畜が、ここにいた、と。

■根元まで口の奥に含んでやると、半立ち状態だったのがどんどん硬くなってきて……

枕営業で快感と契約をダブルでゲット！

投稿者　榎本温子（仮名）／33歳／生保レディ

このお仕事に就いてそろそろ十年になります。

思い起こせば大学卒業後、就職した会社が半年も経たないうちに倒産という不運に見舞われ、気の毒に思った叔母が紹介してくれたのがこのお仕事でした。セールスレディなんて性に合わない！　とその時は思って、まぁ結婚までの腰かけぐらいに構えてたんですけどね。これが案外性に合ってたというか（笑）、私、営業所であっという間に売り上げトップ3に入ったんですよ。自分で言うのもなんですが、人ウケする顔してるんです。でもこの二年くらい成績が落ちてきて……実のところ焦っています。所長にも発破をかけられているので、なんとか大口の契約を頑張って取らなければなりません。

そんなある日のこと。後輩の瀬戸優奈（仮名）が、「温子さぁぁぁ～～ん」と半泣きでやってきました。なにごとかと訊ねると、所長に紹介された顧客に手こずっているというのです。新人の頃はたいてい所長や主任などのツテを頼りに新規顧客を開拓していくものなのですが、優奈曰く「とにかくエロいじいさんなんです！」ベタベタ腰やお尻を触わってくるからキモくて飛び出して帰ってきてしまったそうで……なるほど。これは私にとって、待ってましたのチャンスです。

「優奈ちゃん。そのお客さん、私に譲ってくれない？」

「ええ？　私はもちろんそうしてもらいたいですけど……本当にいいんですか？」

「チョーお金持ちから大口の契約取るのが私の生きがいなのよ！」

「さすが温子さんっ、エロじいさんをものともしないんですね」

「お尻触られても上手～くあしらってみせるわ。エロじいさんの何か好物でも買ってご機嫌取ってみる」

「あ、それならお酒ですっ！　所長に聞いて、これまでも近所のコンビニで買ってたんです、小瓶の日本酒」

……コンビニで……小瓶の日本酒……お粗末ねえ。

心で呆れながらも顔には出さず、「ありがとう！」と笑顔で返しました。

そして数日後、私はエロじいさんこと倉橋大蔵（仮名）の家のピンポンを鳴らしました。事前にアポを取っていたので、なんの警戒もなく「どうぞ～～お入りくださ いませ」とお手伝いさんらしき人の声が返ってきました。「お邪魔いたします」ズッシリした鉄格子の門をガガガッと開き、石段を上がり、芝生の庭を通り抜け、玄関扉を開けました。

　リビングルームに通されると倉橋大蔵さんが弧を描いた珍しい形のソファの真ん中に座っていました。（確かテレビで観た芸能人んちに置いてあった高級ソファ……『スネーク』とか呼ばれてるヤツです）「まぁ緊張しないでここにかけなさいよ」と手招きされたので「失礼いたします。日本酒がお好きだとお聞きしたのでお持ちしたのですが、お口に合いますかどうか……」持参した紙袋から、ネットでお取り寄せした山口県の銘酒『獺祭』の化粧箱を取り出し大蔵さんに渡しました。

「おおお、これは気が利くね。私の好きな純米大吟醸だ！」

　大蔵さん、大喜びです。まずは第一関門突破といったところでしょうか……。

　すると、先程のお手伝いさんが、コーヒーを運んできて、

「旦那様。私、そろそろお買い物に出かけて参りますので」と言うなり、何やら意味深な目くばせを大蔵さんにしたので、私はすぐにピーンときました。

　なるほど……そっちがその気なら私だって。

　お手伝いさんが玄関ドアを開けて出ていく気配がしたと同時に、私は大蔵さんの横

に座りながらおもむろにバッグからパンフレットを取り出しました。

「……私が生命保険なんか入れるものか、持病も多いし、たぶん審査で落とされるよ。君、ここまで来てご苦労だったけど無駄足だったね」ふふんと大蔵さんは鼻を鳴らしながら、そのくせその手は私のお尻のあたりを撫で撫でしているのです。

「あら、こんなことが出来るんですからお元気なんじゃないですか」私はその手を振り払うこともせずそう言いました。「全然元気じゃないよ」なおもそう言い張るので、

「だったら試してみましょうか。心臓発作を起こすか、それとも勃起するか！」私はジャケットとブラウスを一気に脱ぎ、ブラジャーの中に大蔵さんの手を導きました。

「き、き、きみぃ～～～」びっくりしながらも大蔵さんは嬉しそうです。

「お乳揉んでぇ～～」わざといやらしく言ってみました。大蔵さんはハァハァしながら私のオッパイを鷲掴みしました。

「どう、私の？　亡くなった奥様より大きい？」

「ああ、デカいよ……妻は貧乳だったからね……ハァハァ……それに引き換え、君は爆乳だねぇ」嬉しそうに息を弾ませながら、大蔵さんは私の谷間に顔を埋めました。

「舐めて舐めてぇ～～」そう催促すると、大蔵さんはペロンペロンと私の乳首を舐め始めました。

「んん～～～、気持ちいい～～～」私は高級ソファにもたれ、胸を突き出してしばらくの間、大蔵さんの舌でもてあそばれました。

「大蔵さん……全然お元気じゃないですか……しかも、こんなにお上手……私、もう濡れ濡れですぅ！」

「ううむ、私も……生チチ舐めたのなんて久しぶりで……ほら、こっちのほう、元気になってきちゃったみたいだよ」

「本当ですか？」どれどればかり、私は手を大蔵さんの股間に伸ばしました。ええ、確かにアソコが硬くなっています。私はズボンのチャックをそっと下ろし、トランクスの前ボタンも外し、大蔵さんのシンボルを取り出しました。

「はぅ……」握りしめると大蔵さんの鼻から空気が大きく洩れました。でもまだ完全に勃起してないようにも思えます。そこでパクンっと咥えてみました。

「おおお～～～」シンボルの根元まで口の奥に含んでやると、半立ち状態だったのがどんどん硬くなっていきます、心なしか太くなっているような気もして、私は嬉しくなりました。チュパチュパチュパ……わざといやらしい音をたてて。

「鉛色のグロテスクな大蔵さん～～、心臓の方は大丈夫ですかぁ？」聞いてみました。

「ああ……全然大丈夫っぽいよ……ハァハァ、ハァハァ……」その言葉を聞いて私は安心してパンティをスルスルと脱ぎ捨てました。

高級ソファに大蔵さんを横たわらせ、私は「失礼します」と言ってまたがりました。私のアソコはもうあんぐり口を開いているので、たやすく大蔵さんの鉛色のシンボルを呑み込むことができました。

「うぉぉぉぉぉぉ～～」「んんんあああああ～～～」

ズブズブと私の肉穴粘膜を掻き分け掻き分け、大蔵さんのいやらしい部分が突き刺さってきます。そして私の一番奥に到達したかと思うと、大蔵さんは信じられないほどの素早さで下から腰を何度も突き上げ始めました。

私は子宮を押し上げられ、掻き乱され、思いも寄らぬ快感に演技などではなく、「ああ～～～、マジ、いい～～～、感じるぅ～～～～、もっとぉ～～～』雄たけびをあげていました。しかもこのエロじいさんときたら、下から女の反応を見て楽しんでいるのですっ！　さすが六十八歳ともなると男の余裕とでもいうのでしょうか、それともその昔よほどたくさんの女を抱いてきた色男だったのかもしれません。今はただのエロじいさんですけど……。

交尾は、しかし長くは続きませんでした。「おっ、うっ！」と腹に力を入れて、大蔵さんはクライマックスの波を迎えてしまったのです。私のほうは果てることが出来ませんでしたが……。

　ティッシュペーパーでお互いのお股を拭き拭きしたあと、ご機嫌な大蔵さんは長男夫婦のところの孫三人、次男夫婦のところの孫二人、合計五人分の学資保険に加入して下さいました。

「ありがとうございますっ！」

　私はエクスタシーよりも大事な物を手に入れ、それはもう大満足です。

「君、まさか今日一日だけってことはないよねぇ？」心配そうに大蔵さんが言いました。「うふ、そんなわけないじゃないですか。私たち、からだの相性が良いみたいだし。また来させていただきますよ」パンティを履きながらそう告げると、

「おお、そうかい！　嬉しいよ、君！　ありがとう！」

「君、じゃなくて温子って呼んで下さい」

　私はチュッと大蔵さんのほっぺにキスをして、お屋敷をあとにしました。

（大蔵さんには、まだ未婚のお子さんが三人もいる……これからもたくさん契約が取れそうね）

　とりあえず、私の未来は明るいと思いませんか？　ふふふふ……。

■部長は、すっかり剝き出しになった私の花びらから、中へと指を這い込ませて……

仕事の失敗の代償は淫らな肉体奉仕で!

投稿者 三田香(仮名)/24歳/OL

先週の火曜日、私は文字どおりのどん底状態でした。

得意先から発注を受けたのに、伝票を出すのをうっかり忘れていて、気がついたときにはもう手遅れ。どんなに手を回しても、納期までに商品を集めることが不可能、という最悪の事態になってしまったのです。

恐る恐る課長に報告したところ、予想どおりの大目玉! とりあえず先方に電話を入れて事情を説明したのですが、向こうはひたすら怒るばかりで、どうにもこうにも手の打ちようがない様子。

「まったく困ったことをしてくれたな……あそこはちょっとやそっとのお得意さんじゃないんだぞ。もう二十年来、値切りもせずにウチから仕入れてくれてる上得意中の上得意さんなんだ。よりによってそれを……」

もう怒るどころか、ため息をつくばかり。いつもガミガミうるさい課長がこうなってしまっただけに、本当に事態が深刻なことがよ～くわかりました。

目の前が真っ暗な状態で、食欲も湧かずに昼休みをボンヤリと過ごしていると、課長から呼び出しがありました。

「向こうの部長が、君に直接謝りに来いと言ってる。とりあえず今回は、それで水に流してやってもいいと言ってくださった……」

「わ、私一人でですか……!?」

たとえ大嫌いな課長でもいいから、誰かついてきてほしかったのに。でも、先方の部長のリクエストで、『必ず一人で来るように』と、きつく言ってきたそうなので、そうなると立場の弱い私としては、何も言えなくなってしまいます。

そうしてひたすら暗い気持ちのまま、私は電車に乗りました。

ところが向こうに到着すると、なぜか応接室に通され、イヤミなのでしょうか、ご丁寧にお茶まで出てきました。でもまさか、手をつけるわけにもいかず、そのままじばらく待っていると、私を呼びつけた当の部長が爪楊枝を咥え、脂ぎった息を吐きながら乱暴に部屋に入ってきて、なぜか内側からカチャリとドアをロックしました。

「待たせて悪かったな。昼飯にウナギを食ってきたもんでね。あそこのウナギ、うまいんだけどすげぇ待たせるのが難点だ。ええと……それで？」

「あ、あの……このたびは私の不注意で御社に多大なご迷惑をおかけして、本当に申し訳ありませんでした！」

「君ねぇ、うちがどれだけ迷惑したか、本当にわかってんの？」

「はい、あ、あの……もう、お詫びするしかできないんですけど……ご、ごめんなさいっ！」

「簡単に許すわけにはいかないなあ」

「はい、そ、それはもう……」

「じゃあ、本当に許してほしいんだったら、ちょっとばかり努力してもらわなきゃ」

「努力、ですか？　あの、次回ご注文の折りには、四割の値引きを考えておりまして」

「う〜ん、そんなことじゃないんだなあ……もっと簡単なこと。ほんの二時間もあればこと足りることとさ」

「二時間……ですか？」

「そう。まずは目の前の応接テーブルに両脚を載せて、大きく思いっきり開いてみて」

「え？　あ、あの……」

「許してほしけりゃ、すぐ大股開けって言ってんだよ！　このバカ女！」

怒号のあと、部長はニヤリと笑ってポケットから取り出したタバコに火をつけました。どうやら今回のミスの代償に、私をどうにかしてしまおうと思っているみたい。

「そ、そんなムチャな……！」

「なに甘いことぬかしてるんだ！　俺がな、おまえんとこの社長におまえをクビにしろと言えば、明日にでも路頭に迷うことになるんだぞ！　この不景気のご時世に、おまえみたいな無能なＯＬが会社クビになって、他にいくとこあると思ってんのか⁉　ええっ⁉」

そう言うと、部長は私の両脚をぐっと摑み、思い切り左右に大きく押し広げました。制服のミニスカのままでここまで来たので、パンティもすっかり丸見えになってしまいました。

「ピンクの花柄か……俺の好みだ」

「や、やめて……やめてください！」

「そうはいくか。お互いにいい気持ちになれて、しかも今回の不手際が丸く収まるんだ。こんなにいいことはないだろうが！」

部長は私の太腿を押さえつけると、その真ん中のぷっくりと盛り上がった恥丘部分に、節くれだった指をぐいぐいと押しつけてきました。

「や、やあっ……やめて！　お願い！」

「ジタバタするな！　服が破れて困るのは、おまえのほうなんだぞ！　おとなしくしてれば、ここに入ってきたときのままのキレイな格好で出ていくことができるんだ」

ひっく、ひっく……と、際限なくしゃっくりのようなものがノドの奥から流れ出てきて、体がビクビクと小刻みに震え出しました。イヤでイヤでしょうがないのに、部長の指が巧みにクリトリスをいじるものだから、奇妙な快感が私の中に湧き上がってきたのです。

「ほら、だんだんジトジトしてきたぞ、このあたりが……。さあ、もう抵抗するんじゃない。お互い、キモチよく楽しくやろうじゃないか」

私は部長にされるがまま、腰を浮かしてストッキングとショーツを脱がされてしまいました。

「だめ、イヤ……お願い！　もう許して……ください……」

「泣いたら許してもらえると思ったら、大間違いだぞ！」

部長は、もうすっかり剝き出しになった私の花びらから、中へと指を這い込ませてきて、最初はゆっくり、だんだんスピードを上げて、グチュグチュ……と、中を掻き回し始めました。私は、これ以上ない嫌悪感を覚えながら、でもその絶妙のテクニックにいつしか腰を浮かされ、押し殺していたのに……口からは喘ぎが、少しずつ漏れ出てしまいました。「あ、あん……お願い……許して……」

「うん？　どうしてほしいんだ？」

「だ、だめ……もう、もう帰して……あああっ！」

「帰りたくなんかないだろ？　それとも、もうやめてほしいのか？」

そう言うと、部長は激しく動かしていた指をスッと止めました。途端に私のアソコは、男性による刺激を求めて、激しく疼き始めてしまいました。

「あ、ああ……あっ！」

私は腰をくねくねと動かし、その渇望に耐えようとしました。しかし、すべて部長に見通されていました。「何が欲しいんだ？　ん？」

「ああ、お願い……入れてくださいっ……！」

「だから、何を？」

「ああ、チ〇ポ……チ〇ポ……ああ、早くぅ！」

ウナギパワーでギンギンになった部長のソレは、私のアソコを十分に満足させてくれました。その後、私は何事もなかったかのように衣服を整えて帰社しました。先方からは部長名で、「今回のことは不問とする」とのメールが入り、うちの課長は大喜び。

私は……気持ちよかったけど、複雑な気持ちです。

■前戯もそこそこに侵入してきたペニスに鈍い痛みを覚えた私は思わず声をあげ……

白昼の淫らな訪問者に無理やりなぶり犯されて！

投稿者 真田真理子（仮名）／30歳／専業主婦

その日、夫と子供をそれぞれ送り出した私は、毎日のように繰り返してきた朝食の後片付け、掃除、洗濯と、主婦としての務めに取り組んでいました。短大を卒業して、その頃つきあっていた彼との間に子供ができてそのまま結婚、絵に描いたようなできちゃった結婚でそのまま家庭におさまって……決して不幸だとは思いませんが、なんの刺激もない生活を七年も繰り返していると、ふと、これでいいのだろうかという思いが脳裏をよぎってしまいます。

彼が現れたのは、そんな日々に飽き飽きしていたある日の午後のことでした。テレビを観ながら一人でご飯を食べて、あとはお昼寝でもしようかと思っているところに、ピンポーンと呼び鈴が鳴りました。玄関に出てみると、そこには一人のスーツ姿の男性が立っていました。名刺を差し出しながら、

「お忙しいところ失礼いたします。私、こういう者でして……今、当社商品のキャン

ペーン中でして、羽毛布団がかなりお安くお買い得になっておりますが、いかがでしょうか？」

　と、流れるようなセールストークを始めたので、なんの興味もなかった私はすぐに断ろうとしました。確かに布団は古くなってはいましたが、別に買い替えるほどではありませんでしたし、どうせこういう訪問販売の羽毛布団なんて本当は割高に決まってます。でも、二十代半ばに見えるそのセールスマンの彼は、そう簡単には引き下がらずにニコッと爽やかな笑みを浮かべながら話しを続けました。

「そうですか……でしたら当社で打ち直ししましょうか？　綿布団も打ち直すと寝心地が全然ちがいますよ」

「え、でも……」

「とりあえず古い布団を見せていただけますか？　傷み具合を拝見させていただいて、決めるのはそれからでもけっこうですので」

　人懐こそうな、そのかなり魅力的な笑顔と語り口に私もついつい気を許してしまい、また、どうせ暇なのだからちょっとした話し相手になってもらうのもいいかと思い、とうとう家に上げてしまいました。

　彼は私と夫の寝室に入ると、ダブルベッドの掛け布団を調べ始めました。その間、私は彼の、相手から話を引き出すとても巧みな話術に乗せられるままに、夫や子供のことなどを次々と話してしまっていたのです。

「えーっ、三十歳？　とてもそんなふうには見えませんよ。まるで二十代前半だ」

彼にそんなふうに言われて、お世辞とわかっていながらもついつい顔が火照り、身中が熱くなってしまいました。考えてみれば、初対面の男性を夫婦の寝室に迎え入れておきながら赤くなっているなんて、おかしな話です。

「もちろん今も、ご主人と一緒に寝てらっしゃるんですよね？」

「ええ、一応は……」

「ちょっと寝心地を調べてみたいので、横にならせてもらっていいですか？」

彼は私の返事を待つことなく、さっさと布団の中に入り込んでいました。

するとここにきて、私はがぜん恥ずかしくなってきました。

夫がいないうちにベッドに別の男性が寝てるなんて、やっぱり尋常ではありません。それに、この彼の話の持っていき方にもおかしなかんじがいっぱいあるように思えてきてしまいました。

そして、とうとうこんなことを……！

「どうです、奥さんも一緒に横になって具合を確かめてみませんか？」

私は思わずカッとなって、彼に帰ってもらおうと決心しました。でも、どう切り出したらいいものやら……と、その一瞬の躊躇が命取りでした。彼は私が怪しんでいるのに気がついたようで、突然私の腕を摑むとベッドの中に引きずり込んだのです。

「い、いやっ！　何をするんですか！　やめてください！」

「ちょっとちょっと、やだなあ、誤解しないでくださいよ。この布団の寝心地を調べようと思ってるだけですよ。それとも何か他のことを調べたほうがいいですか？」

語り口は柔らかでしたが、彼のその手は私の腕を痛いほど力強く摑んでいて、目の色は完全に変わっていました。そして、そのまま私の上にのしかかってきて、とうとうこんなことを……！

「ふん、そんなに驚かなくてもいいだろ。どうせこういうことして欲しくて俺を家に上げたくせに。溜まってたんだろ？」

「！　……ち、違うっ……」

「人妻ってのはこれだから困るよなあ。そんなこと言いながら、さっきから俺に色目使ってたじゃねぇか。もっと素直になれよ」

そんな言いがかりをつけられ、私はなんとか彼の手から抜け出そうともがき、

「い、いやーっ！」

と、ありったけの声を出しました。しかし、彼はそれに怯んで手を放すどころか、私の顔に強烈な平手打ちをしてきたのです。

「静かにしてろよ！　黙って言うとおりにしてりゃあ、気持ちよくしてやるんだから」

その一言で、私は抵抗する気力を失い、そして目からは涙が溢れてきました。

彼は私の涙を見ても一向に良心の痛みを感じた様子もなく、ブラウスを引きちぎって下着を外し、乳房を鷲摑みにしてきました。

「ほおっ、なかなかデカい乳してるじゃねぇか。それに子供を産んだわりには形も崩れてなくてキレイだぜ」

今にもレイプされようとしている相手にそんなふうに褒められても嬉しいはずがありませんが、そのとき私は、女として認められていることに対して、一瞬だけときめきを感じてしまいました。もちろん表面には出さないようにしていましたが、彼は最初からそんな私の奥に潜む本心に気づいていたのかもしれません。

私はベッドの上でパンティも剝ぎ取られ、全裸にされてしまいました。私がおとなしくなったのを見て、彼もズボンと下着を下ろし始めました。もしかしたらそのときが、逃げ出す最後のチャンスだったかもしれませんが、もし逃げられたとしてもご近所に知られて、公になるようなことにはしたくありません。私は開き直って、彼にされるがままに両脚を開きました。

「……っ、痛いっ……！」

前戯もそこそこに侵入してきたペニスに鈍い痛みを覚えた私は思わず声をあげました。そのあまりにも乱暴な仕打ちに私は泣いていました。しかし、もちろん彼はそんなことを意に介するふうもなく、自分の欲望を満たすためだけに乱暴にペニスを突き上げてきます。

するとそのうちに私のカラダにも変化が訪れてきました。最近夫とはセックスレス気味ということもあり、久しぶりに味わうその硬くて熱い肉の感触に軟らかい肉ひだを擦りたてられ、アソコの壁からいつの間にか大量の恥ずかしい液体が溢れ出してしまっていたのです。

「はぁはぁ……やっと観念したみたいだな。ああ、いい具合だぜ……」

「ち、ちがっ……」

言葉ではそう否定したものの、私のカラダはすでにそれとは裏腹に彼の腰の動きに合わせて、淫乱にうごめきくねっていました。

「ああ、ああっ……はぁっ……！」

彼が深くペニスを差し込むたびに、熱い喘ぎが漏れてしまいます。

やがて彼のモノがいっぱいいっぱいに膨張すると、下半身にドクドクと熱い奔流が流れ込んでくるのを感じました。私はそれを嫌がって突き放すどころか、両脚を彼の腰にきつく巻きつけて受け入れていたのです。

ことが終わると、彼は何食わぬ顔で言いました。

「これはもう打ち直すより買い替えたほうがいいですよ。僕ら二人のスケベな体液のおかげで布団がもうぐちゃぐちゃだ。まあ、今日買っていただかなくてもけっこうですので、ご主人と相談して電話してください。待ってますよ」

私がどこにも訴えはしないと完全に安心しているのか、彼は自信満々にそう言い残して去っていきました。もちろん、こんなこと夫に話すつもりはありません。誰にも言えない私とあの彼との間の秘密です。

そして私は、今でもその名刺を捨てることができないのです。

第三章

鬼畜のカイカンに溺れて

■男は自らペニスを摑むと、ドロドロに蕩けきった私の肉裂目がけて突き入れて……

真夜中の公衆トイレで無様に犯され汚されて！

投稿者 志村真子（仮名）／32歳／専業主婦

その土曜日、私は中学校の同窓会に出席し、ほとんどが十七年ぶりに再会する旧友たちとの楽しいひと時をおもいっきり楽しみ、夜の十時すぎに自宅のある駅に電車で帰ってきました。私は中学卒業と同時に父の仕事の都合で県外に引っ越してしまったため、そこでほぼ地元の友達とのつきあいは途切れてしまい、余計になつかしく思い出深いものがあったのです。「楽しんでこいよ」と言って、家で子どもの面倒をみながら送り出してくれた主人には本当に感謝です。

が、まさかそれが、こんなとんでもない目にあってしまうことになるとは……。

家までは車で十分ちょっと。深夜ですからタクシーで帰るのが普通なのでしょうが、あいにくとタクシー乗り場には先に三、四人の待ち客がいるというのに、いっこうにタクシーが来る気配はありませんでした。それで私は業を煮やして、酔い覚ましにちょうどいいか、なんて思いながら、よせばいいのに歩いて帰るという選択をしてしまったのです。自宅までは徒歩三十分ほどといったところでしょうか。アルコールのせいで、まともな判断力がどこかに行ってしまっていたとしか思えません。

駅を離れ十分ほど歩くと、それまで続いていた住宅街も途切れ、街灯の数も少なくなり、辺りは見る見る寂しいかんじになってきました。廃工場や空き地、雑木林といったおよそひと気のない道筋を進んでいったのですが、そこで私は急に尿意を催してきてしまいました。

（や、やばい……漏れそう……！）

がぜん焦り出した私の目に、うらさびれた小さな公園が飛び込んできました。たしかここには公衆トイレがあったはず。怖いとか気持ち悪いとか、もう四の五の言ってる場合じゃありません。

私は駆け出して公園内に入ると、そこだけ灯りでぽっかりと闇夜の中に浮かび上がったトイレに、一目散に飛び込んだのです。

当然、大きな公園のように手入れや掃除は行き届いておらず、公衆トイレ内は汚れ、ゴミくずで散らかり放題。匂いもかなりの悪臭です。

でも……もう背に腹は代えられません。

私は一つだけある個室に飛び込むと便座に座り（かろうじて洋式トイレでした）、

慌ててスカートをたくし上げ、ストッキングと下着を足首のところまでずり下げると、まさに危機一髪というかんじで、すごい勢いで大量に放尿したのです。

「ああ……あ、ふ……ふ～～～～～っ……」

思わず盛大に安堵の吐息が漏れてしまいました。

と、そのときでした。

いきなりドアが開き、現れた大柄な男が個室内に押し入ってきたのです！　ああ、あまりにも慌てていた私は、鍵をかけ忘れてしまっていたのでした。

「きゃっ…………ん、んぐふっ……！」

喉から飛び出しかかった私の悲鳴は、男が口に突っ込んできた薄汚れたタオルによって押しとどめられ、声を封じられてしまいました。そして、用を足したあとまだ拭いていない濡れ残した股間を無様にさらしたまま、すごい力で男に押さえ込まれてしまったのです。

私は便座に座らされたまま、男のなぶりものにされました。

ジャケットを脱がされると、ボタンが弾け飛ばんばかりの勢いで一張羅のブラウスの前をはだけられ、ブラジャーを力任せに剝ぎ取られました。ぼろんとこぼれ出た左右の乳房が男の大きく分厚い手でガシガシ、ムニュムニュと激しく揉みしだかれ、その痛みに思わず苦し気な呻きをあげてしまいます。

「……んぐっ！　ううう、うぐ……ぐふぅっ……」

「はぁはぁはぁ……ほんとはおもいっきり声を出させてやりたいけど、しょうがねえ……こんないいカラダにありつけたんだもんな、贅沢は言えねえ。もしやと思って駅からずっとあとをつけてきた甲斐があったってもんだ」

男はそんなことを言いながら私の両手を掴んで自由を奪うと、今度は胸元に顔を突っ込んで、乳房を吸いむさぼってきました。すごい吸引力で歪めながら丸い肉房を食み、乳首をしゃぶり搾ってきます。苦痛と、一方でえも言われぬ甘い痺れが襲いかかってきました。

「ああ、はふ……うめえ、うめえ！　オッパイ最高だぜ！」

男は舌なめずりしながら言い、なおもさらにさんざん乳房しゃぶりをしたあと、今度は何をするかと思えば、私の両膝を左右に大きくぐいっと広げさせ、股間の中心の濡れた茂みをこれみよがしにさらけ出し……なんとそこに顔を突っ込んでむしゃぶりついてきたのです。

「んふっ……んっ、んんんっ……んぐふぅっ……！」

私は羞恥のあまり、声にならない呻きで非難の叫びをあげましたが、もちろん、そんなことで男は非道をやめてはくれませんでした。

陰毛にこびりついた尿のしずくを啜り上げながら、ぱっくりと割れた私の肉のクレパスに舌を差し入れ、内部をねぶり回しながらジュルジュル、ペチャペチャ、ヌジュヌジュとむさぼりたててくるのです。

「おふっ……しょんべん、うめえ！　ツンとくるのにほのかに甘くて……んぐ、んぐっ……おや？　なんだかヌルヌルしたものがマ○コから溢れてきたぞ！　おいおい、さもいやそうなふりしながら、あんた、感じちゃってるのか？　見たところ人妻だよな？　いやほんと、人妻ってドスケベなんだなあ」

そう、私は男の容赦のない責めに、自分でも信じられないくらいに感じてしまっていたのです。それをさらにあげつらわれて言葉責めされたものだから、もうたまったもんじゃありません。私は自分のほうから男の口に股間を押しつけ、もっともっとと言うように腰をよじらせてしまいました。

「うぶっ……はぶっ、んじゅぶっ……！　おおっ、すげえすげえ！　あとからあとからスケベ汁が溢れ出してきて……こりゃとんだ淫乱大洪水だ！　あんた、俺を溺れさせる気かっ⁉」

「んぐふっ……ううっ、ぐふっ……んふぅぅぅ……！」

自分でも、声がやたらせつなく上ずってきているのがわかりました。淫らなまでに感じまくり、それでも足りなくて、はしたなくおねだりしているのです。

「ああ、わかったわかった！　もう辛抱たまんねえんだな？　俺のチ○ポが欲しいんだな？　よし、突っ込んでやるけど、その前に……」

男は言いながら、ズボンと下着を下ろして怖いくらいに勃起したペニスを露わにすると、それを私の乳房に押しつけ、グニュグニュ、ネチャネチャとこすり汚しながら、先走り液をなすりつけ、強制パイズリのような格好で責めたててきました。

「んはっ、くふっ……んっ、んぐふぅぅ……！」

乳房を犯される快感が合わさって、ますます私の欲求は昂ぶり、いよいよたまらなくなってしまいました。

と、そのタイミングを見計らったかのように、男は自らペニスを摑むと、ぐっと下のほうに押しやり、ついに赤くドロドロに蕩けきった私の肉裂目がけて突き入れてきたのです。その肉感は太く硬く、強烈な衝撃で私の性感を引き裂いてきました。

「……んひっ！　ぐふぅ、ふぶっ……んぐぅぅっ……！」

「うほおっ、こりゃたまんねえっ！　燃えそうなくらい熱くて、ギュウギュウ締めつけてきて……俺のチ○ポ、食いちぎられちまいそうだあっ！」

便座の上に座った私を、便器を壊さんばかりのすさまじい勢いで貫き犯し、男はその顔に野獣の恍惚とも呼べるような表情を浮かべていました。

そして、

「……くうっ、も、もうだめだっ！　俺の濃ゆいの、あんたの中にぶっ放すぜ！　おい、いいな？　ううっ……ぐ、あああっ！」

「んぐぅ……ん、ん、ん、んんん……ふんぐぅ〜〜〜〜〜っ！」

ドクドクと盛大に男の放出を胎内で受け止めながら、私も失神せんばかりの勢いで二度、三度と達し、イキ果ててしまったのです。

ふと気づくとそこに男はもうおらず、私ははしたなく乱れた格好のまま、便座の上に身を投げ出して座り込んでいました。腕時計を見ると十一時少し前……私が男に犯されていた時間は三十分ほどだったようです。

それからやっとの思いでようやく家に帰り着きましたが、絶対に誰にも言えない、一生忘れられない私の秘密の思い出なのです。

■彼はひときわ高いトーンで喜悦の喘ぎをあげながら、信じられない量のザーメンを……

憎き裏切り男を淫らな復讐の罠にはめて

投稿者　栗木麻耶（仮名）／29歳／OL

絶対に許さない。

三十歳を目前にして、ようやく独身生活に別れを告げることができる。

私は大好きな拓海との結婚を夢見、彼のためなら何でもしてあげた。

欲しいというものは買ってあげたし、料理も必死に習っておいしいものも一生懸命作ってあげたし、ベッドでも……彼が望むことは、どんなに恥ずかしいことでもガマンしてやってあげた。

それなのに、いきなり「好きな子ができたから別れてほしい」だなんて。

どれだけ泣いて、怒って、よりを戻してほしいと懇願しても、拓海は聞き入れてはくれなかった。そして、軽く笑みさえ浮かべながら言ったのだ。

「ごめんな。バイバイ」

ショックと絶望にまみれた私は固く心に誓った。

私が味わわされた苦痛と悲しみを、少しでもアイツにお返ししてやる！

そして、彼が日頃よく口にし、嫌悪していた『ある行為』を使って叩きのめしてやるべく、復讐の計画を練った。

そして一週間後。私が、

「最後の思い出に、一晩いっしょに過ごしてほしい」

そう言うと拓海は、もてる男はつらいよ的な、愚かな自意識にまみれた顔で、

「仕方ないなあ……いいよ。その代わり、これできれいさっぱり、俺のことはあきらめろよ。しつこくつきまとわれるのはごめんだよ？」

と応え、私は暗い心の内でほくそ笑んでいた。

ちょっと高級なレストランで最後の晩餐を終え（もちろん私が払った）、ホテルにチェックインしてからも、わざとらしく二人の思い出話なんかをあれこれとしながら、持ち込んだ高級なシャンパンのグラスを酌み交わし、別れを惜しむ体を装った。ただし、私はこっそり彼のグラスの中に睡眠薬を忍ばせ、すると当然、見る間に彼の意識は朦朧としていき、前後不覚の状態になるのにさして時間はかからなかった。

さあ、いよいよ行動開始だ。

私はぐったりとした拓海の服を脱がせて素っ裸にしてベッドの上に寝かせると、大

の字の格好で彼の両手足をベッドの四隅にしっかりと括り付け、身動きできないようにした。そして彼のお尻の下に、持参してきた厚手のタオルを何枚も敷いてベッドが汚れないように保護すると、バスルームから洗面器を持ってきて、彼の肛門直下にあてがうようにセッティングした。次いでバッグから取り出したのは……浣腸だ。私は狙いをすましてそれを拓海の肛門にぐいっと突っ込むと、中身をくいくいと直腸内部に注ぎ込んでいった。

「……う、うう、ううん……？」

拓海はお腹の中に異質な冷たい流入感を感じたのか、ちょっと反応を示したが、目を覚ますまでには至らなかった。ふふ、見てなさい。私は暗くほくそ笑むと、次に彼を襲うであろう衝撃のほどを想像し、じっと身構えた。そして……！

「んっ⁉　……ああっ、あひ、な、なんだこれ……ぐあっ！　や、やばい、やばいって！　で、出ちゃう出ちゃう！　ちょ、ちょっと、マヤッ！」

拓海はせり上がってくる恐ろしいほどの便意に見舞われ、今や完全に意識を取り戻すと、全身をジタバタさせてもがき身を起こそうとした。でも、しっかりと縛めた手足がそう簡単に自由になるわけもなく、見る見る彼の顔は蒼白になっていった。

「あ、あ、あ……ちょ、や、やば……あ、あああああっ……！」

（中略）

私は彼が洗面器に放出した汚物を始末し、ベッド上に拭き残しがないかも隈なく確かめると、熱く湿らした清潔なタオルでもって肛門部を中心に彼の下半身を念入りにきれいにしてあげた。その様子を放心したような顔で見ながら、彼は、

「おい、マヤ、おまえこんなことして、いったい何がしたいんだ？」

と私に問いかけてきた。

私はさらにガサゴソとバッグの中から『あるもの』を取り出すと、自分も全裸になってそれを我が身に装着しながら、こう答えていた。

「拓海、あんたしょっちゅう、ゲイのアナルSEXについて『キモイ、キモイ』って言っては、もし自分がやられるようなことになったら絶対に耐えられない、恥ずかしくって自殺しちゃうって、けっこうマジで言ってたよね？」

「……え？　だ、だから……？」

「だから、私を裏切った代償に、その死ぬほど恥ずかしくて嫌なことを味わわせてやろうじゃないかっていう話よ！　アンダスタン？」

そして、自分の腰に巻いたペニスバンドを、これ見よがしに拓海の眼前に突き付けてやった。黒々と太く屹立した男性器のハリガタが、つやめいて光っている。

「じょ、冗談……や、やめてくれよ、マヤ！　頼む、それだけは勘弁してくれ！」

私がマジだと察した拓海は、とうとう泣きながら懇願を始めたが、もちろん私は聞く耳を持たなかった。持参したワセリンをたっぷりと手にとり、それを彼の肛門周辺から内部の直腸入口まわりにたっぷりと塗りたくりながら、軟らかい肉門を入念に揉みほぐしてやって……ハリガタの先端をぴたりとあてがう。

「や、やめてくれぇっ！　た、たのむ、マヤッ……ぐぅ、ひっ……ひああっ！」

彼の言葉が完全に悲鳴に変わり、私は自らの復讐が成し遂げられた証であるその心地よい調べを聞きながら、さらに容赦なく激しく腰を前後させてハリガタでアナルを掘り立てていった。

「ひっ、ひぃ……あがっ、がはっ……うぐぅぅっ！」

相変わらず苦痛の悲鳴をあげ続ける拓海だったが、そのうち私は意外なある変化に気づいた。それまでは私にアナルを犯されながら縮こまっていた彼のペニスが、だんだん、ムクムクと大きくなってきたのだ。シワシワに縮こまっていた睾丸も膨らんで張りが出てきている。

「はぁはぁはぁ……ちょ、ちょっと何よ、拓海⁉　あんた、私に犯されながら、気持ちよくなってきてんじゃないの？　ひょっとして、女の子になっちゃったの⁉　やだあ……あ～あ、とうとうフル勃起しちゃったぁ」

私は腰を打ちつけながら、おもいっきり言葉なぶりをしてやった。すると、

「……んあっ、はぁっ……あ、ああっ、あああ～～！」

なんと拓海は、ひときわ高いトーンで喜悦の喘ぎをあげながら、ビュルッ、ビュルルッ！　と、信じられない量のザーメンを射出した。あまりに勢いがありすぎて、私のオッパイまで飛んで、ちょうど乳首のところを汚してしまったくらいだ。

「ま、まじ～～～？」

そう言いながらも私もなんだか気分が昂ぶってきてしまい、アナルにハリガタを突っ込まれたまま恍惚とした表情をしている拓海の姿をしっかりとスマホに収めると、ペニスバンドを外して、フェラで再勃起させた彼のペニスをオマ〇コで自ら咥え込んだ。そして、騎乗位でとことん楽しませてもらった。

晴れて気分もカラダもすっきり！　情けない痴態画像もしっかりと押さえさせてもらったから、これでヤツも滅多なことはできないだろう。

これが私の復讐の一部始終……楽しんでいただけましたか？

■かなり太い、薄紫のシースルーのバイブが、私の乳首にグリグリと押し当てられて……

両親の店を救うべく我が身を性のいけにえに差し出して

投稿者　有森みく（仮名）／26歳／自営業手伝い

私の両親は夫婦で喫茶店を営んでいて、私も厨房から給仕まであらゆることを手伝いつつ、自分の将来的には公認会計士の資格をとるべく勉強しています。

うちの喫茶店は父が三十年前に脱サラして始めた店で、店内は木製の調度を中心として、そこかしこにアンティークを並べた、平成…いえ、昭和の香りたっぷりのクラシカルで温かみのある雰囲気にあふれていて、昨今主流の大型カフェチェーンなどにはない魅力に満ちていました。昔から通ってくれている常連さんも数多くいらっしゃり、いわゆる地域に愛された店です。

ただ、最近は前述の大型チェーン人気に押され、かつ感染症の問題などもあって客数は大激減、経営がつらそうなのはひしひしと感じていました。両親はそんなこと、私にこぼすことはありませんでしたが……。でも、ある日私は、思わぬ形で身をもって、その苦境を知らしめられることになったのです。

その日、用事を済ませて帰ってきた私は、ある一人の中年男性に「お宅のうちのことで重大な話がある」といって道端で呼び止められたのです。そこから歩いて十分ほどのところにある、皮肉にもカフェチェーンの店内でその人の話を聞いた私は、驚愕とショックのあまり、言葉が出ませんでした。

実は両親は、店の経営の苦境をしのぐために、ある筋から借金をしたのだけど、その返済がもう何年も滞り、今では利息だけで一千万近くになっているというのです。さすがの貸主（その中年男性の雇い主という話でした）もしびれを切らし、とっくに抵当に入った店を売り飛ばしたいと思っているとのこと。だけどそんなことになったら、文字通り私たち家族は路頭に迷うことになってしまいます。

「そんなっ！　……なんとかならないんですか？」

私が今にも泣き出さんばかりにすがりつくと、彼は言いました。

「実は、なんとかなるかもしれないからこそ、あんたに声をかけたんだ」

え？　それって……私がなんとかできるかもしれないってこと？

彼の話によると、彼の雇い主であるKさん（六十二歳）は、両親にお金を貸した高利貸しではあるものの、あくまでそれは副業で、本人はこの辺りの土地の多くを所有する地主さんであり、あくまで個人事業主。自分の一存で借金をちゃらにすることも難しい相談ではないのだといいます。そして場合によっては、彼がKさんに進言することで、ちゃらとはいかないまでも利息ぐらいは何とかできるかもしれないと。

「実は俺も昔からあんたの店のファンで、正直なくなってほしくないんだよね」

「本当に…⁉　それで私、どうすればいいんですか？」

思わぬ話の流れに、私は勢い込んで訊ねました。

彼は言いました。

「あんた、Kさんのおもちゃになってくれ」

「ええっ⁉　お、おもちゃって……なんのことですか？」

彼の話によると、Kさんは店を手伝う私のことを度々見かけるうちにすっかり気に入ってしまい、できれば私を自分のものにしたいと思っていると。そしてそれはずばり、実は重い糖尿病を患い自分のモノ自体は役に立たないKさんが、お気に入りのその筋の道具を使って、肉人形となった私を思う存分いたぶりかわいがることなのだというのです。

「そういう条件で俺が話を持っていけば、向こうもイヤとは言わないと思うんだ。そりゃもう、あんたのことがどれほど気に入ってるか、俺はこれまでいやというほど聞かされてるからね。さあ、どうする？　自分の身を犠牲にして、ご両親を救ってあげる気はあるかい？」

こんな申し出をされて、どうして断ることができるでしょう？

私は承諾し、その返事をもって彼はKさんに働きかけ、商談（？）はまとまったのです。もちろん、うちの両親には内緒でした。

四日後の土曜日。私は適当な理由をつけてお店の休みをもらい、教えられたKさんの居宅に向かいました。そこは、地主というには意外にも、超高層高級タワマンの最上階にある、４ＬＤＫの豪華で広い部屋でした。Kさんは二年前に離婚して今は一人暮らし。その後古い屋敷は売り飛ばしてここを購入。二人の息子も今は別居して暮らしているのだといいます。

「ああ、よく来たね。みく……ちゃんだったね。そんなに緊張しなくていいよ。きみは私に言われたとおり、ただ従ってればいいんだから」

私は寝室に案内されると、今まで見たこともないほどの巨大なベッドの上に服を着たまま上がらされました。Kさんもいっしょになって上がってくると、服の上からじっくりと私の体を撫で回しながら、一枚一枚ゆっくりと脱がせ始めました。

「ああ、なんて形のいい、きれいな胸なんだ。肌も雪のように白くて透き通るようだ……薄桃色の乳首が映えて、本当に美しい」

すっかり全裸にされてしまった私の体をそう言って愛でながら、しばらく乳首をいじくったり、舐め吸っていたKさんでしたが、ようやく自分も服を脱いで裸になるや、ベッドの下から大きな高級ブランドのバッグを引っ張り出してきました。

「ふふ、この中に、きみをかわいがってあげるためのいろんなものが、い～っぱい詰まってるんだ。私のお気に入りの品々だよ」

Kさんはそう言うと、いくつかのものを取り出し、ベッドの上にずらりと並べました。そう、すでにご想像のとおり、バイブやローター、手枷・足枷といった、いかがわしいアダルトグッズの数々です。

「うふふ……それじゃあまず、この可愛い乳首を……」

と、Kさんは左右の手に一つずつ持ったピンク色の小さなローターを、ブブブブ……と小刻みに振動させながら、私の両乳首に触れさせてきました。羞恥のあまり最初こそマヒしたように何も感じなかった私でしたが、だんだんと甘ったるい痺れのようなものが、ジワジワと乳頭から浸透してくるのがわかりました。

「……んっ、んん……ん、はぁ……」

不本意ながら、喉から喘ぎがこぼれてしまいました。

ほとんど男性経験のない私は、このような刺激にまったくといっていいほど免疫がなかったのです。喘ぐ声音に、そういった動揺の色が混じります。

「ふふ、素直に感じて、いい声だ。ああ、たまらないよ……」

Kさんの目にギラギラと黒光りするてかりが宿ってきました。次第に興奮がつのってきているのが、いやでも窺えます。

「さあ、お次はこれだ。このうねりの激しさは見ものだよ」

そう言って、かなり太い、薄紫のシースルーの本体の中に色とりどりの玉のようなものが詰められたバイブが、私の乳首にグリグリと押し当てられてきました。乳頭のきれいな形が押しひしゃげられ、今度はかなりの苦痛です。

「あっ、いたいっ……んんっ、あ、ううう……痛ぅぅ……！」

「はぁはぁはぁ……ああ、とってもいい顔だよ……きれいな胸がこんなにつぶれ歪んで……痛いか？　痛いか？　くっくっくっ……」

その表情も発する言葉も、狂気を窺わせるほどに昂ぶっているのに、確かにあの彼が言ったとおり、Kさんの股間はぐったりとしたまま、微動だにしませんでした。

「はぁはぁはぁ……さあ、そろそろオマ〇コに、太くて硬くてでかいのが、欲しくて欲しくて仕方ないだろう？　今、ねじ込んであげるからね！」

手枷・足枷で私の両手足の自由を奪ったKさんは、ひと際巨大なバイブを手にしながら、舌なめずりするように粘っこく言いました。

ああ、ここにきて……白状します！　私、男性経験が少ないどころか、実は処女なんです！

「やめてっ！　た、助けてっ……！　あっ、あっ、あああっ！」

この期に及んでの懇願など聞き入れられるわけもなく、激烈な肉裂感とともに私の手付かずの女性器に激痛が走り、続いて、深く情け容赦なく子宮に続く肉洞をえぐりたてられました。

「あああっ！　ひっ……ひ〜〜〜〜〜〜っ！」

「おっ、おおおっ！　あ、あんた、まさかっ……！」

さんざん抜き差しした挙句、ズルリとバイブを抜き出したKさんは、それに付着した私の破瓜《はか》の血を見て、明らかに悦びをにじませた驚愕の声をあげました。

「あ……はぁっ……くぅ……」

痛みの余韻に苦悶の声を漏らす私に対して、彼は、

「ありがとう。まさか自分があんたのロスト・ヴァージン相手になれるとは、ほんと、最高だよ！　お礼にあんたのとこの借金、利息分どころか、元金も半分ちゃらにしてあげるよ！　私の心ばかりの感謝の気持ちだ」

や、やった〜……。

私は力なく、思わぬケガの功名（？）を喜びました。これで両親にだいぶ楽をさせてあげられる。

その後、Kさんはさっきよりも一段階小さめのバイブを使い、今度は私のことを素直に気持ちよくさせようと躍起になりました。すると、だんだん体も慣れてきたのでしょう。私のアソコは少しずつ女の快感を知り、その喜悦をよろこんで受け入れるようになっていきました。

「あ、あ、あ、あああっ……んあっ、はぁっ……いい、いいですぅ！」

「はぁ、はぁ、はぁ……いいよ、いいよ！　もっともっと感じておくれ！」

その後、おかげで窮地を脱したお店は客足を取り戻しつつあり、両親の顔にも安堵の笑みが戻ってきました。

私も、たまにお小遣いが欲しくなるとKさんにおねだりして、お金と快感の一石二鳥を享受しているというわけなのです。

■私は純くんのペニスを咥えて無我夢中でしゃぶり、同時に涼太の激しい突き入れを……

衝撃的快感に満ちた凌辱3P卒業旅行の一夜

投稿者　三谷萌（仮名）／22歳／大学生

それは、単位もめでたくすべてとれて就職も決まり、すっかりお気楽解放モード全開で浮ついていた、つい春先のこと。とはいうものの、感染症の問題もあって海外へパーッと卒業旅行！　なんていうわけにもいかず、悶々としたストレスとジレンマを抱えて、どうにもつまんない日々だった。

そんなとき、つきあってる同じ大学の涼太が、一泊二日でドライブ旅行に行こうと誘ってきた。涼太のことはまあそれなりに好きだけど、正直結婚相手としては全然考えてなくて。これから社会人になりお互いに何かと忙しくなっていくと、きっと自然消滅していくんだろうな……みたいな思いもあったので、そんな彼との思い出づくり的感覚で、OKしてあげたわけ。ちょっとはハメを外したかったしね。

ところが当日、待ち合わせ場所へ迎えに来た涼太のミニクーパー（実は彼、まあまあのボンボン）の車内を見て、びっくりした。見たこともない男が乗っていたから。

「あ、こいつ、純っていって俺のゼミ仲間。なんかメンバーいっぱいいたほうが楽しいかなって思って誘っちゃった。まずかった？」

悪びれもせずそう言う涼太に対して、当然普通なら「ふざけるなっ！」ってブチギれて帰っちゃうとこなんだろうけど、私はそうはしなかった。

なぜってこの純くんが、めちゃくちゃイケメンだったから。

「えーっ……うーん、まあ、だめじゃないけど……突然だったから驚いちゃった」

「わりぃ、わりぃ。まあ、こいつ、いいヤツだから勘弁してよ」

「すみません、モエさん。いきなりお邪魔しちゃって」

「ああ、いえ。涼太って時々そういうとこあるから……こっちこそごめんなさいね」

というかんじで、結局だんだん和気あいあいとした雰囲気になって、私たち三人は目的地の湘南方面に向かって出発した。

昼過ぎに到着し、江の島でシラス丼とか食べて、エスカーに乗って江の島神社にお参りしたり、あと、長谷寺とか鎌倉の大仏とか、界隈の有名どころを巡って……すっかり観光気分を満喫した私たちは、夕方の六時すぎにホテルにチェックインした。

それから温泉に浸かって疲れを癒し、三人で大食堂へ行ってバイキングの夕食を食べた。涼太に勧められるままに、それなりにビールも飲んで。私、飲むのは好きなんだけど、そのわりにあんまりアルコールに強いほうじゃないから、ちょっと酔っぱらっちゃって……九時頃、部屋に戻ったときは、もうすぐにでもお布団に潜り込みたいかんじだった。

「なんだ、モエ、もうバタンキューか？　だらしないなあ……まあ、しょうがない、じゃあ皆、もう寝ようか！」

涼太が言い、押し入れから布団を出して和室に床を並べ始めた。

でもそこで、私はぼんやりした頭でも、「あれ？」と思った。

この部屋は六畳の和室と四畳半ぐらいの洋室の二間があって、私はてっきり純くんは一人で洋室のベッドのほうで寝るものとばかり思っていたのだけど、なぜか彼もいっしょになって自分の床を並べ始めて……。

私は先に布団の上に突っ伏しながら、

「え……まさか、三人ともここで寝るの？　ねえ、やだよ、そんなの……」

と、動揺も露わに訴えたのだけど、涼太から返ってきた言葉は衝撃的だった。

「今更もう遅いって。だってこの旅行の本当の目的は、モエをヤリまくることだもん。あ、ちなみに純はそのアシスタントね。モエが暴れないように手足を押さえたりしてさ。それにしてもおまえ、ほんと節操のない面食いだな。案の定、純の顔につられて同行をOKしちゃってさ。思うツボだったぜ」

すごい悪そうな笑みを浮かべながらそう言う涼太を手伝って、純くんのほうは無表情で黙々と私の浴衣を脱がしていく。

「え、な、なんでそんなこと……？」

「だっておまえ、卒業したら俺のことさっさと捨てるつもりだろ？　お見通しなんだよ、ばか女！　俺のことはセフレ扱いか？　ふざけるな、こっちは本気だっていうのによ……あんまり悔しいもんだから、最後に思いっきり犯しまくってやろうと思ってさ。あ、ちなみに純は俺にけっこう借りがあるもんだから、逆らえないわけよ」

えっ！　というかんじで純くんのほうを窺うと、彼は申し訳なさそうに、かすかにニヤッと笑った。

「わかったか？　わかったらせいぜいおとなしくヤられまくるんだな。でもまあ、とりあえず大声出せないように、念のため口にタオルは噛ますか」

うぐぐ、と涼太に口をふさがれて声を封じられ……二人の男による、凌辱の宴が始まってしまった。

私を全裸にしたあと、彼らも浴衣を脱ぎはだけた。

もちろん、涼太のカラダは見慣れていたけど、意外だったのは純くんのほう……着やせするタイプっていうのか、かなりたくましい細マッチョで、あとから聞いたところでは、中・高とレスリングをやっていたらしい。まさに涼太にとっては、これ以上ない頼もしい助太刀だったわけだ。

純くんはその力強い両腕でもって背後から私を羽交い絞めにし、前方から涼太が迫り……私の両脚を左右に大きく割って乳房を鷲摑んできた。モニュモニュ、ムギュギュとこれでもかと荒々しく大きく揉み回し、刺激を送り込んでくる。

「んぐっ……んふ、ふぅ……ぐふっ……」

「ああ、ほんと、いつ揉んでも最高の揉み心地だよ。これがもう揉めなくなるなんて……くそっ、くそうっ！」

私の胸を揉みしだきながら、次第に涼太の口調に真剣な悲壮感が漂ってくる。さっきまでは、いやらしく斜に構えたかんじだったのに……本当に私のこと好きだったんだな……可愛さ余って憎さ百倍ということだろうか。

「んぐふ、ふぅ、ぐふっ……んんんっ……」

そんなふうに思うと、なぜか苦痛が次第に気持ちよく感じられてきてしまって……彼の想いを受けての同情？　それとも被虐の快感への目覚め？

「ほら、乳首ビンビンに立ってきた！　それじゃあこっちのほうも……ほら、もうグチョグチョのヌレヌレじゃないか！」

昂ぶった声でそう言う涼太のペニスは、怖いくらいにいきり立っていた。すでにその先端からはじんわりと透明な液が滲み出している。

「くそっ！　今日はナマでやってやるからな！　妊娠したって知ったことか！　俺の濃いのたっぷり、ぶちまけてやる」

「！　んんつ、んぐっ……んんん〜〜〜〜〜〜〜っ！」

私の必死の抵抗の呻きもむなしく、涼太のペニスが剝き身でヴァギナに突き入れられてきた。ズブズブと深く穿ち、奥へ奥へとえぐりたててくる。

「うくぅ……やっぱサイコーのハメ具合だ……おい、純！　おまえもただ押さえてるだけじゃなく、こいつのオッパイ責めてやれよ！　きっと悦ぶぞ！」

「あ、ああ」

純くんはおずおずとそう言いながら、羽交い絞めにした手先の指を使って私の乳首を摘まみこね、いじり回してきた。涼太の挿入の快感に合わさって、倍増されたエクスタシーが私に襲いかかる。

「んぐっ！　んふっ！　うう……んふ、ふっ、ふっ、ふぅ〜〜〜〜〜っ！」

「ほら、キモチいいだろっ！　よし、ここまでくればもうタオルもいいだろ。おい、モエ、あんまり叫びすぎるなよな?」

そう言うと涼太は私の口を自由にし、今度は純くんのペニスを咥えるよう命じてきた。確かに、さっきから私のちょうど腰の辺りを背後からツンツンと主張してくる、固くて熱い純くんの存在を感じていた。応じた純くんは私の体を放して、横に立ち膝の姿勢になると、口元に勃起したペニスを当てがってきた。

もう私に抵抗の意思などなかった。

純くんのペニスを咥えて無我夢中でしゃぶり、同時に涼太の激しい突き入れを全身で受け止めて……上下を同時に犯される興奮と快感に、淫らに打ち震えていた。

結局、いったい私は何度イッたことだろう?

一晩中、交互に二人の精液を浴び、胎内で飲み込んで……いつの間にか意識を失い、目覚めたときは、もう窓から朝の陽ざしが差し込んでいた。

忘れたくても忘れられない、強烈な卒業の思い出になるのはまちがいないだろう。

■私の内部で先生のたくましい肉棒がのたくり暴れ、次いでピストンの衝撃が……

絵画教室の写生旅行で先生の熱い射精を注がれた私

投稿者 吉岡理央（仮名）／35歳／パート主婦

私は家事とパートの合間に、地域の公民館が主催している絵画教室に通っています。

もともと絵を描くのが好きで、中学では美術部に入っていたのが、高校・大学となんとなく疎遠になってしまい、二十年ほども絵筆を握ってこなかったのですが、この歳になってから主婦友に誘われる格好で再開したというわけです。

そんなある土曜、教室の皆でバスをチャーターして日帰りの写生旅行に行くことになりました。ちょうどその日は、夫は接待ゴルフ、小学生の娘も仲のいい友達の家に泊まりに行くということで二人とも不在で、私は創作意欲を満たすべく心置きなく出かけることができたのです。

目的地はバスで一時間半ほど行った先にある自然豊かな山で、それほど険しくないこともあって、美しい風景を描くにはうってつけの場所でした。

皆、三々五々描きたい場所を決め、朝の十時から二時間ばかりカンバスに向かったあと、お昼のお弁当休憩を挟んだあと、再び午後から絵筆をとりました。私は皆からはちょっと離れた池のほとりに陣取り、一心不乱に絵筆をふるっていたのですが、そのとき背後でパキリと枝を踏むような音が聞こえました。えっ？　と思って振り向くと、そこには教室の講師の黒柳先生（四十五歳）が立っていました。

「やあ、吉岡さん。いいかんじで描けてますね」

そう言いながら、黒柳先生は私のほうに歩み寄ってきました。

「あ、ありがとうございます。そう言っていただけると嬉しいです」

私はそう応えながらも、内心ちょっとドキドキしていました。

それというのも、黒柳先生はいかにもインテリというかんじの知的イケメンで、女癖が悪いというもっぱらの噂だったからです。実は、少し前に例の主婦友から「黒柳先生、あなたのことなんだか熱い視線で見てるみたいだから、気を付けなよ」などと言われていたこともあって、がぜんナーバスになってしまっていたのもありました。

（だめだめ、あたしったら意識しすぎ！　噂だけで先生のこと警戒しちゃうなんて、そんなの申し訳ないわ）

内心そう思って、軽率な自分をいましめました。

ところが、やはり噂は本当だったのです。

黒柳先生は、カンバスに向き直った私の背後にすっと忍び寄ると、私の絵筆を持った右手に自分の右手を添え、まるで二人羽織のようにカンバスに向かって走らせ始めました。そして、私のうなじの辺りに熱い息を吐きかけながら、

「あれ、なんだか硬いなあ。それじゃあ自然な絵が描けないよ。ほら、もっと手の力を抜いて……」

と言い、自分の体全面を私の背中にぎゅっと押しつけてきたんです。

「あ、せ、先生……な、何か、当たって……ます……」

それは、下のほう……そう、先生の股間の固いこわばりでした。

「え？　ああ、ごめん、ごめん。実はもうずっと吉岡さんのこと、いいなって思って見てたもんだから、今日こんなふうにお近づきになれて、興奮しちゃってしょうがないんだ」

そして、そう言って謝る言葉とは裏腹に、先生は私のうなじに直接口を押し当てると、熱くぬめった舌を這わせてきました。ナメクジが妖しくのたくるようなその感触に、私は思わずゾクゾクと身を震わせてしまいました。

「あっ……は、はぁ……せ、先生、だめ……」

「何がだめなもんか。本当は吉岡さんもちょっと期待してたんだろ？」

黒柳先生は、今度は下から手を回して、服の上から私の左右の胸を押し上げるようにしてきました。

「あっ……そ、そんなこと……な、い……です……あぁ！」

私の否定の言葉は、先生の手の動きの絶妙な感触によって掻き消されてしまいました。そんな私の反応を見て気をよくしたのか、先生はさらに今度は、セーターをまさぐり上げて手を中に潜り込ませると、ブラのカップを器用にずらし外して、ナマ乳房に触れ、揉みこねてきました。

「おおう、柔らかい……まるでマシュマロみたいな素敵な感触だ……」

「あ、あふ……ん、ああ……だ、だめ、先生……皆に気づかれちゃう……」

「おお、そうだね、悠長にやってる場合じゃなかったね、悪かった。それじゃあお望みどおり、まどろっこしい前戯は抜きで、さっさと本番にいこうね」

「えっ？　い、いえ……そういう意味じゃあ……あ、ああっ！」

先生は自分に都合よくそんな勝手なことを言うと、ズルリと私のジーンズと下着を引き下ろし、剝き出しになったお尻に向かって自分の勃起したペニスを振りたて、それを熟れた肉割れの中に背後から突き入れてきました。

「……あっ、ああっ！　せ、先生っ……そんな、だ、だめ……ああっ！」

私の内部で先生のたくましい肉棒がのたくり暴れ、次いで豪快な衝撃となってピストンを繰り出してきました。

「あ、あ、あ、ああん……ひ、ひん……んはぁぁっ！」

今や私はカンバスに両手をかけてどうにか身を支え、背後から打ち込まれる先生のピストンの衝撃に必死で耐えるばかりでした。

「んんっ……いい、いいぞ！　イキそうだ……吉岡さん、いいね、出すよ？」

「あ、そんなっ……せ、先生っ……あ、あああ……」

ピストン運動がひときわ速くなったかと思ったその瞬間、私のアソコで先生の熱いほとばしりが弾け、同時に絶頂に達した私は、へなへなとその場にくずおれてしまいました。感じすぎて、まるで腰が抜けてしまったような感覚です。

その後、集合時間となり、私たちはバスのところへと集まりました。

さりげなく目くばせし、私に向かってウインクしてくる黒柳先生に向かって、私も軽く笑みを返しました。

これからの教室が、ますます楽しみになりそうです。

■首筋舐められ、乳首を吸われ、おマ○コに指を入れられグリグリ掻き回されて……

ムカつくパート仲間を罠にはめ輪姦させて!

投稿者　内川美樹（仮名）／38歳／パート主婦

ウチの職場……（あ、スーパーマーケットなの）従業員みんな仲良かったのね、正社員もパートさんも。和気あいあいとやってたわけよ、A子が入ってくるまではね。

A子ってホント、ムカつく女なの。昔、地方局の女子アナやってたって。スリーサイズはその頃と全く変わっていないって。コスメとバッグは今でもブランド品しか買わないって。A子の口から出てくるのは自慢話ばっかりでさ、しかも仕事中に話すんだよ？　新入りのくせに「その仕事、私には無理〜〜」とかほざくの！　トイレ掃除とか、厨房でのお惣菜作りとか、絶対にやりたくないとか言い切っちゃうの！

美人に弱い店長ときたらA子に嫌われたくないものだから、「あ、いいよいいよ、そんな仕事やらなくて。A子さんには棚出しをお願いするよ」なんて言うのよ！「レジも早く覚えてね。A子さんがそこにいると男性客が増えるだろうからね」って、この私に『A子さんのレジ打ち指導係』を言いつけやがったの。

私だって他にもやらなきゃならない作業がたくさんあるのよ、なんたってパート歴が一番長くて、今ではもう正社員と変わらないほど責任ある仕事を任されてたりするんだから！

「美樹さん、大丈夫？」「店長ってひどいわよねぇ」「ホント！　長年いる私たちのほうをぞんざいに扱ったりして腹立つわ～！」パート仲間たちは私に味方してくれる、それだけが救いよ。

A子はレジ打ちの仕事を覚えるのは早かったわ、そこは素直に認める。でもね、その後が最悪だったの！

「美樹さんはそろそろ表舞台から消えたほうがいいんじゃないですか？」

って言われて、すぐには意味がわからなかった。

「え？　どういう意味……？」

「だって美樹さんだけじゃないですか、四十代で店頭作業をされてるのって。特にレジ打ちとか、もっと若くてキレイなパートさんがやってたほうがいいと思うんですよね～」これにには怒り心頭だったわ！

「私、こう見えてもまだ三十代よっ！」思わず叫んじゃった。

「え～～、見えない～～、ビックリ～～！」ってA子ったら謝りもしないの。

その日のうちに悔しい胸の内をパート仲間たちに話したわ。

「なんなの、あの女～！」「男性従業員にばっか色目使って私ら女のこと、完全に見下してるのよね」

そう！　見下してる！　特に私のことを！

そりゃ自分でもわかってるわ、凄く老けて見えてるってこと。顔の出来も中の下……いや下の中だし、ちょっと太めだし、お客さんに『オバサン』呼ばわりされるのは日常茶飯事だし……でも、一応私は教育係だよ？　いわば先生みたいなものなのに、A子ったらそんなひどい言葉を私に浴びせたのよ？　ねえ、本当に酷いと思わない？

「一度痛い目に遭わせてやろうよ」

パート仲間の誰かが提案して、すぐにみんなが賛成したわ。

ウチのスーパーに出入りしている商品運搬ドライバーの荒々しい男たちに頼んで、ちょっとA子を懲らしめてもらうことにしたの。あ、ここだけの話にしておいてね。

その日はお店の休業日だった。うまくA子を呼び出して倉庫に閉じ込めたわ。そこへ男たち三人が登場。当初は躊躇していた男もいたみたいだけど、美人のA子を見た途端、気が変わったらしく息を弾ませながら上着を脱いだわ。

え、どうしてそんなに詳しく知ってるのかって？　ふふ。実はね、私、倉庫の中のダンボールの陰に隠れて一部始終を見てたのよ、そう、男たちがA子を次から次へとレイプしてるとこをね！

「な、なにするの、あんたたち⁉」ワナワナ声を震わせて「や、やめてっやめてぇ～」ってにじり寄ってくる男たちにA子は叫んだけど、男たちが一斉に彼女に飛びかかり、ブラジャーとパンティを剝ぎ取られるまで、そう時間はかからなかった。

A子の後ろから一番若い男が彼女の両腕両足をガシッと抱え込んだわ。

「や、やめて……やめて！」その言葉を無視して、一番ガタイのいい男がA子の乳房を鷲摑みにして、チュパチュパ、ペロペロペロと乳首を吸い始めた。「へへ、いいオッパイしてんじゃん」とか言いながらね。次に、それまで黙って見ていたリーダー格の男が彼女の両脚をガバッと広げて、A子の秘所が私にも丸見えになった。想像してたよりも毛深くてビックリしたわ。

そのふさふさのマン毛の中にリーダーはズブズブと指を入れた。人差し指と中指を一度に。「おお、なか温ったけぇ～、すげぇ～～」リーダーは嬉しそうに指でピストン運動を繰り返して……そのうちグチョグチョと卑猥な音がし始めたの。そう、なんとA子は「やめて」と言いながら、アソコは感じて濡れまくっているのよぉ～！

見れば羽交い絞めにしてる男が後ろからA子の首筋を舐め上げてるの。そりゃぁ感じるはずよね。首筋舐められ、乳首を吸われ、おマ○コに指を入れられグリグリ掻き回されてるんだもの！　濡れないはずがないわ！

　いよいよリーダーは指を抜いてトランクスを脱ぎ始めた。驚いたことに、A子のパックリ開いたアソコはピンクの肉片がびらびらしていた。まるで「早く、入れて」と言わんばかりにいやらしくピクピクして、まるで生きてるアワビのようだった。本当になんてグロテスク！　リーダーは勃起しきったおチン○ンをギュルギュルッとそのいやらしい穴に突き刺した。

「うおおおおおお～～～～～」リーダーが激しく腰を突くと、
　ギュルギュル……ヌプヌプ……パンパンパンパン……！

　肉と肉のぶつかりあう音が、いやもう本当に卑猥で卑猥で……覗き見してる私のアソコももうぐっちょり濡れてた。

「おれのヤバい液、出しちゃるぜぇ～～」

「いやぁ～～やめてぇ～～～！」A子は激しく首を横に振りながら涙を流してる。

「うぉぉぉぉ～～～イクぜぇ～～～～！」でも、お構いなしにリーダーはそう叫んで果て、白い液を垂らしながらおチン○ンを抜くと、それまでオッパイ吸ってたガタイのいい男がすりこぎのように太くて長いおチン○ンをA子の中に挿れた。

その男もまた激しく突きまくってた。時々おっぱいを乱暴に揉みながらね。

後ろから首筋を舐めてた男もトランクスを脱いで、そそり立ったおチン○ンを「咥えろ！」と言ってA子の顔面に押し付けた。A子は上下両方の口に長大な凶器を入れられ、擦られ、やがてドクドクと男の白濁液が両方の口から溢れ出てった……。

私、男たちに羽交い絞めにされたA子を見て、いい気味とは思わなかったの。ちょっと懲らしめてやろうぐらいの気持ちだったんだけどね、「こりゃぁいいもの見せてもらったわ」なんて思っちゃった。

え？　このことをくわだてたのは、本当は私だろう、って？　一番パート歴が長いって最初に言ってたって？　だからって私がパートのドンじゃないわよぉ～。本当に違うんだってば。

ま、いいわよいいわよ、なんて思われようと。

私も久しぶりに興奮したから。A子がレイプされてるとこ見てオナっちゃったりして本当に楽しかったから。なんて思われようと全然へーキよ。

■無理やり左右に押し広げられたアソコに、ぐぐっと熱く力強い肉の密着感を感じて……

図書館奥の片隅で淫らに従い犯される私の愛の形

投稿者　高岡早紀子（仮名）／23歳／図書館司書

某市立図書館で司書をしています。

小さい頃から本好きで、ずっと図書館司書になるのが夢で、真面目一辺倒で生きてきて、大学を出てその夢が叶ったときは本当に嬉しかったです。

でも、ほっと安心した、その反動なのでしょうか？

勤めだしてすぐに、直属の上司であるMさんのことが好きになってしまったのです。Mさんは三十歳で、奥さんと小さな娘さんがいました。

そう、好きになってはいけない人でした。

でもその、先だっての大河ドラマで主役をやった長谷川○己さんを思わせる理知的な顔だちと、本にまつわる幅広く深い知識、そして落ち着いた柔らかな物腰がとても素敵で……好きにならずにはいられなかったのです。

私は、さんざん逡巡した挙句、ついに自分の想いを彼に告白しました。

奥さんと娘さんには申し訳ないけど、たとえ不倫でもいいと思ったのです。

そして同時に、断られてもいいと思いました。それできっぱりとあきらめがつくのも、それはそれでいいと。

でも、Mさんは受け入れてくれました。

メガネの奥のその知的な瞳をやさしく笑ませて、

「うれしいな。僕も初めて高岡さんのこと……いや、早紀子って呼んでもいいかな？早紀子のこと見たときから、実はずっといいなって思ってた」

と言い、私は思わず声を弾ませ、

「ほ、ほんとですか……？」

ボーッと夢でも見ているような気分になりました。

「本当だとも。じゃあ好き合ってる同士、これから楽しくやろうね」

「は、はい……よ、よろしくお願いします！」

「はは、そんなあらたまって言われても……うん、よろしくね」

そんななんとも微笑ましい、二人の秘密の関係の始まり。

でも、実際にはそれは、微笑ましいどころか……『煉獄』だったのです。

それからほどなく、私とMさんはホテルで愛し合い、もちろん、私は今まで大事に守ってきた処女の純潔を彼に捧げました。破瓜《はか》の苦痛に喘ぎながらも、私は真に愛する相手にそうされることで、無上の喜びを感じていました。

ところがMさんの反応はちょっと異質でした。

真っ白いシーツが私の血で汚れるのを目の当たりにすると、これまで見せたことのないような悪魔的な笑みを唇に浮かべながら、こう言いました。

「早紀子……これでおまえは僕の、僕だけのものだ。これから僕のいうことには、なんでも従ってくれるね？」

私は少し怪訝な感じを覚えながらも、とりあえずこう答えていました。

「は、はい、Mさんのいうこと、なんでも聞きます。だって愛してるから」

そしてその翌週から、私にとっての煉獄の日々が始まりました。

事務室でPCに向かって書類仕事をしている私のことを、Mさんが呼びました。

「ちょっと本の探しものを手伝ってくれないか？」

もちろん私はそれに従い、彼について図書館の一番奥のほう、古文書を中心に陳列された、普段めったに利用者がやってこない区画へと向かいました。

そして着くなり、Mさんが豹変したのです。

「その書棚と書棚の間の壁に向かって手をつけ」

「……は、はい……？」

「いいから言われたとおりにしろ」

私はかなりとまどいながらも言われたとおりにしたのですが、次の瞬間の彼の行動に度肝を抜かれてしまいました。

Mさんは背後から、壁に両手をついた私のスカートを腰までまくり上げると、いきなりストッキングもろともパンティを膝元までずり下げたのです。

「えっ、ええっ!?　ちょ、ちょっとMさん、な、何を……っ？」

「シイッ！　声をあげるんじゃない！　向こうのほうに聞かれたらどうするんだ？」

思わず動揺する私に対して、彼は激しい口調で囁きながら怖い表情をしました。

「で、でも、こ、こんなこと……」

「僕のいうことに、なんでも従うって言ったよな？　あれはウソか？　本当は僕のことなんか愛してないってことか？」

「い、いえ……本当に、愛してます……っ」

「だったら黙って受け入れろ。身をもって愛を証明しろ」

「は、はい……」

もう黙るしかありませんでした。

背後でカチャカチャとベルトのバックルを外すような音がしました。続いてカサカサという衣擦れの音。そして、私の剝き出しになったお尻が左右からギュッと摑まれる感触が……！

まさかと思っていたことが、現実になりました。

無理やり左右に押し広げられたアソコに、ぐぐっと熱く力強い肉の密着感を感じたかと思うと、そのままズズッ、と奥のほうへ押し入ってきて……！

「……ッ、ひ、ひいっ……ん、くぅ……！」

当然まだほとんど濡れていない私のソコは、彼の固く膨張した男性器を滑らかに受け入れることができず、擦り剝けるような苦痛が襲いかかります。でも彼は、

「ああ、この強引感……たまらない……本当に自分の所有物を思いのままにいたぶってる気がするよ。ほら、もっと声抑えて……くくっ……ん！」

信じられないことに彼は私のことをいたわるどころか、苦悶に喘ぐ私の様を愉しんでさえいるようです。

「あ、ああ……痛い、痛いです……お願いです、もっとやさしく……」

「所有物が生意気言うんじゃないよ。おまえは僕の望むままにしてればいいんだ」

そう囁きながら、ますますその腰の律動は速く大きくなっていき、さすがに私のほ

うも十分な潤滑油が分泌されてきたようで、だんだん苦痛よりも快楽のほうが勝ってきました。ヌチュヌチュと濡れそぼつた音が大きくなっています。

「おう、おお……いい、いいぞ……うう、で、出そうだ……」

「うくっ、んぐ……ひっ、んふっ、んあぁぁ……」

彼の動きが最高に激しくなった次の瞬間、私はアソコの中で熱い炸裂感を感じ、続いて彼が男性器をズルリと抜くのと、それに応じて生温かい流動感が太腿の内側を伝い流れ落ちていく感触を感じていました。

「早紀子、よかったよ。おまえの僕への愛、しかと受け取った」

Mさんは満足そうにそう言って微笑みました。その、いつものやさしい雰囲気に戻った顔を見ながら、私は思いました。

ここに本当の悪魔がいる。

それからずっと、彼に言われるままに、どこであろうとその欲望のはけ口にされる日々が続いています。でも、拒否することはできません。

だってそれでも、私は彼のことを心底愛してるから。

■今やただのメス犬と化してしまった私は、大口を開けてソレをむさぼりしゃぶり……

白昼の侵入者に脅され犯され責めイかされて

投稿者　西尾沙良（仮名）／29歳／専業主婦

私の身に起こった衝撃の事件のことをお話ししたいと思います。

その日、近所のスーパーでの買い物を終えて自宅に帰ってきた私は、玄関を上がり、買ってきた食料品などが入ったエコバッグを持ってキッチンまで来たとき、なんともいえない違和感を覚えました。

（え、なんだろう？　何かがおかしい気がする……）

でも具体的には思い当たらないまま、お肉のパックなどを冷蔵庫に入れていたとき、ハッと気づいたんです。

出かける前に洗い物は全部終えて、シンクには何も残してなかったはずなのに、濡れたコップが一つ置いてある！　絶対こんなのなかった！

瞬間、血の気が引くような感覚に見舞われた私は、（警察、警察）と思いながらテーブルの上に置いたスマホをとろうと手を伸ばしました。

そのときでした。

隣りのリビングから何者かが飛び出してきて私に躍りかかり、口を手でふさぎながら抱きすくめてきたのは。

「ひっ……んん～～～～～～～～っ！」

瞬時に顔はわかりませんでしたが、大柄で頑丈な体つきであることはいやでもわかりました。私のことを万力のような力で締めあげながら、

「おとなしくしろ！　騒いだり暴れたりしたら、ぶっ殺すぞ！」

と、耳元で唸るように言い、そのあまりにも説得力のありすぎる迫力に、私はすっかり恐れおののき、体がすくんでしまいました。

「ああ、そうだ、聞き分けがいいな。なにしろ俺はついさっき強盗未遂をやらかして通報されて、警察に追われてる最中なんだ。開き直ると何をしでかすかわかんねえぜ。いい子にしてたほうが身のためだ。あと、水を一杯ごちそうさん」

相手はどうやら、警察の追手がこの辺からいなくなってほとぼりがさめるまで、うちに籠城しようという肚のようでした。

とにかく怒らせちゃいけない……私はいうことを聞き、ひたすら嵐が過ぎ去るのを待とうと心に決めました。暗くなって逃げやすくなれば、きっと出ていってくれるは

ず……あと三、四時間の辛抱だわ。

でもそのとき、相手の様子がおかしいのに気づきました。

抱きすくめた私の体を撫で回すようにしながら、まるで舌舐めずりせんばかりの顔で私の顔を覗き込んできたんです。

「へへ、よく見ればあんた、きれいな顔してるじゃねえか。カラダのほうもムチムチして、すげぇいい感触だし……なあおい、俺、勃ってきちまったよ。実はもうここ一年ほど、金はねえしオンナもいねえしで、とんとご無沙汰なんだ。こうなったのも何かの縁だ。行きがけの駄賃にヤらせてくれよ」

相手のとんでもない物言いに、私は口をごつい手でふさがれながら、必死でイヤイヤと首を振りました。冗談じゃありません。……が、

「おいおい、そんないやそうにするなよ、まったくつれねえなあ……あんた、自分の置かれた立場、わかってんの？　断れるわけねえだろ、ああ⁉　それとも何、殺されたいの？」

ドスの利いた押し殺した声に、ドクンと大きく心臓が跳ね上がりました。あらためて圧倒的な恐怖が押し寄せてきました。

「ふふ、そうそう……おとなしくいうこと聞くのが得策だ。黙ってヤらせてくれれば、

絶対に痛い思いはさせねえからよ、ん？」

　そう言って覗き込んでくる相手に、私はもはや頷き返すしかありませんでした。

　相手は私をリビングに連れ込むと、ドサッと長ソファーの上に投げ寝かしました。そして上着を脱いで屈強な裸の上半身をさらすと、私の上に馬乗りになって服をむしり取り始めました。薄手のニットを頭から脱がされ、その下のダンガリーのシャツのボタンを外され、中からピンク色のブラが覗きました。

「おおっ、ピンクかあっ！　こりゃまたそそるなあ！」

　相手はいかにも感極まった様子でそう言うと、あえてブラを取り去ることはせず、カップの縁に指をかけるとグイグイと押し上げるようにして、半分ほどずり上がったピンク色のブラから私のオッパイが覗くようにしました。そして、それを揉みしだきながら、チュウチュウと乳首を吸い、舐めてきて。

「くうっ、エロいなあ、くそっ！　こうやって舐めると、余計にオッパイが甘くて美味しく感じるってもんだ！」

「んあっ……んく、くぅ……はぁっ……」

　するとと信じられないことに、イヤでイヤでしょうがないはずなのに、オッパイに無理な圧力をかけられたせいでしょうか……その不自然な刺激が逆に快感となって私を責め苛んできたんです。

「ああ、ほら、乳首立ってきた……もうビンビンだぜ！　気持ちいいんだな？」

嬉しそうに言う相手のその言葉を否定できません。

「よし、じゃあこっちはどうかな？」

相手は今度は私のジーンズと下着を脱がせ、剝き出しになった股間の茂みに顔を突っ込むと、レロレロ、チュウチュウとワレメ肉をしゃぶりむさぼってきました。

「ひあっ！　……ああ、あふ、んふぅ……！」

なんだかもう完全に私のカラダの性感は開花してしまっていました。相手のひと舐め、ひと吸いにビクンビクンと背をのけ反らせて感じまくってしまうんです。

「ふう、すげえ大洪水。奥さん、あんた実は好きモノだねえ。よし、じゃあ今度は俺のをしゃぶってもらおうか。でかすぎてアゴ外すんじゃねえぜ？」

その言葉どおり、顔に突きつけられた勃起ペニスは、ほぼ夫の倍ほどもあるんじゃないかというくらいの巨根で、今や完全にただのメス犬と化してしまった私は、ダラダラとヨダレを流しながら、大口を開けてソレをむさぼりしゃぶっていました。

「ううう……たまんねえ、奥さん、上手だねえ……さすが人妻のテクはすげえや。よし、それじゃあそろそろ突っ込ませてもらうとするか」

今や私は恍惚としてその言葉を聞き、いやらしく濡れた股間の肉びらをウズウズとわななかせていました。

そしていよいよ相手の肉棒が入ってきたとき、全身を貫きほとばしった快感の電流は信じられないほどのすさまじさで、私は向こうが怒涛のピストンを何度も繰り返してついに射精するまでの間に、三回も達してしまっていました。

快感の余韻を味わうようにだらしなくソファの上に横たわる私に向かって、相手はあきれたような笑みを浮かべながら言いました。

「奥さん、あんたのカラダ、最高だったぜ。これでお別れだなんて名残惜しいなあ。ま、縁があったらまた会おうぜ。あ、そうだ、さっき買ってきた魚、早く冷蔵庫に入れないと傷んじまうぜ」

今やもう恐怖などなく、私はその捨て台詞を聞いて、ふふっと笑みさえ浮かべていたのでした。

第四章

鬼畜のカイカンに蕩けて

■彼女は怯むことなく、ぐいぐいとバイブレーターを私の肉奥にねじり込んできて……

女同士の妖しい快感の手練手管にとらわれて

投稿者 中内和香（仮名）／25歳／OL

うちに中途で入社してきたやよいさんは、私より一つ年上の二十六歳。とってもキレイでナイスバディで、周りの男性社員連中がそりゃもう色めきたったわ。でも、やよいさんは、そんな連中のことなんかまったく眼中にないようで、相手にする素振りすら見せない。

「きっととっくに、あなたたちなんかより何百倍もステキなカレシがいるのよ。残念でした〜」

とりあえず私の補佐として直下につけられたものだから、なんだか自然と私が彼女のことを皆に伝えるような役回りになっちゃって。でもほんと、うちの冴えない男連中にとって、イケてるやよいさんは高嶺の花以外の何物でもなかった。

でも、そんなやよいさんの思わぬ実態をいやでも知ることになるのは、彼女が入社して一ヶ月が過ぎようとしていたときのことだった。

私は彼女と組んで仕事をしているうちに、その優秀さを認め、人柄もやさしいいい子ということもあって、個人的に入社一ヶ月記念飲み会を催してあげることにした。で、その席で彼女に思いきって、

「ねえ、やよいさんって、もちろんカレシ持ちよね？　それだけイケてる美人だったら、さぞかしカレシもイケメンのエリートなんだろうな〜……」

と、男性社員連中に代わって本当のところを聞いてみた。

すると、彼女から返ってきたのは思いもよらない返事で、私は一瞬驚きのあまり固まってしまった。

「そんなのいないわよ。だって、私の好きなのは女なんだもの……そう、たとえば和香さんみたいに小柄で可愛い感じの……」

と言いながら、暗めのオレンジ色のＢＡＲの照明の中、熱く潤んだ瞳で私のことをじっと見つめてきたんだもの。

ハッと我に返った私は動揺のあまりアワアワしながらも、ようやくのこと、

「じょ、冗談やめてよ、もう！　からかわないで！」

と言って場を流そうとしたのだけど、やよいさんは私を見据えたまま、

「冗談でもなければ、からかってもいない。私、マジだよ。ねえ、試しにこれから私

の部屋に来ない？　どれだけ本気か教えてあげるから」

なんて言いだす始末。

普通だったら、こんなの一笑に付して拒絶するところだろうけど、そのときの私は違った。実は私、その一週間ほど前に、つきあってたカレシから手ひどくふられてて……裏切られたくやしさからか男性不信みたいになってて、思わず彼女の誘いに好奇心を持ってしまったのだ。

女と女って、どうなんだろう？

「うん……いいよ。やよいさんの部屋に行っても……」

そう答えると、彼女はとても嬉しそうな顔で微笑んだ。

でも、いざとなるとだめだった。

彼女の暮らすワンルームマンションに行きそれぞれがシャワーを浴びて、ベッドの上で裸で向き合うと、急に私は及び腰になり、彼女のことを突き放してしまったのだ。

「ご、ごめん……やっぱり私、ムリみたい。女同士なんて……」

申し訳なさげに、でもきっぱりと私がそう言うと、やよいさんは豹変した。

「ここまできて、ふざけんな！　あんた、私のこと舐めてんの？　変態レズ女の気持ちなんて、虫けらみたいに踏みにじっていいとでも？　許せないわっ！」

そう鬼の形相で私に向かって罵声を浴びせると、目にも止まらぬ速さでベッドの下から何かを取り出すと、有無を言わさず私の両手足の自由を奪ってしまったのだ。それは手錠だった。私は両手首を後ろ手にからめ取られ、両足首をガッチリと縛められてしまったのだ。

「い、痛いっ！　……や、やめて、やよいさん！　ごめんなさい、私が悪かったわ！ねえ、お願いだから許して……！」

もがけばもがくほどギリギリと痛む両手首と両足首の苦悶に喘ぎながら、そう詫びた私だったけど、彼女の怒りは収まらなかった。

「許さない！　あんたのおかげで被った私の心の痛みを、そのカラダでいやというほど味わわせてやるわ！」

そう言って彼女が次に取り出してきたのは、見るからにグロテスクな形状をした極太のバイブレーターだった。そのスイッチをカチッと入れると、ブゥン、ブゥン……と低いうなりをあげながら、男性器を模した亀頭部分から竿部分にかけてが妖しげにうねり、激しく振動を始めた。

それを私の股間に近づけながら、やよいさんが言う。

「もちろん、ここは全然濡れてないからさぞきついだろうけど……それが私が味わった心の痛みよ！　泣きながらのたうち回ればいいのよ！」

そして、硬い昂ぶりがぐっとワレメにあてがわれ、続いて強烈な痛みが私の乾いた肉ひだを引き裂いてきた。

「ひぃっ……ひっ、ひっ……い、いやっ……痛ぅ……うぐぅぅぅ〜〜〜！」

悲鳴が私の喉からほとばしり出るが、やよいさんは怯むことなく、さらにぐいぐいと強くバイブレーターを私の肉奥にねじり込んできた。

「ほらほらっ！　痛いかこのクソ女！　もっと泣け！　わめけ！　おまえの子宮までズタズタに引き裂いて、子供の産めない体にしてやるっ！」

彼女の鬼のような恫喝に、私の中をこれ以上ない恐怖が走り抜ける。

「いやっ……やめてっ！　お願いだから……ひ、ひぃぃぃぃ〜〜〜〜〜〜っ！」

と、苦痛と恐怖が頂点に達したときのことだった。

がらりとやよいさんの態度が変わり、さっきまでとは打って変わった猫なで声で、

「あ〜あ、かわいそうに、痛かったね〜……治してあげようね〜」

と言いながら、バイブをズルリと抜き出すと、今度はワレメの入口から中にかけてを、生温かい舌のぬめりで何度も何度も舐め回し、妖しく掻き回してきた。すると、さっきまでの恐ろしいまでの苦痛とのあまりにも大きなギャップに、私の肉体は狂っ

たようにその快感に反応し、震え、悶え、乱れてまくってしまったのだ。

「あひっ……あっ、あっ、ああっ……んあぁん！　はぁっ……あぅあぁぁ！」

と、そこへまた再びバイブが挿入されてきて……でも、もはや苦痛はない。底なしの蕩けるような快楽があるばかりだ。

「ああ……いい、いいのぉ……やよいさん……もっと、もっと……」

「ふふふ……和香さん、かわいいわ」

そう、すべてはやよいさんの目論見どおり。

誘いをかけて私に断らせ、それに対して怒ったふりをして痛みを味わわせ、その反動ゆえの女同士の底なし快感の淵に引きずり込んでいく……まんまと彼女の歴戦の手練手管に、私はからめとられてしまったというわけだ。

確かにそれは、これまでの男相手のプレイでは感じたことのないめくるめく快感だった。これからさらに、深みにはまっていくであろう自分が想像できた。

そんな私をやよいさんが見て言った。

「ようこそ、こっちの世界へ」

■義父のモノを咥えたまま、私はもう辛抱たまらず自分で自分のソコをまさぐり……

義父との恫喝SEXにいつしか貪欲にのめり込んで

投稿者 渡真帆（仮名）／37歳／パート主婦

そもそもは私が悪かったんです。

仕事にかまけて毎日午前様帰宅、土日も接待ゴルフやなんやらで家に居つかず全然相手にしてくれない主人に嫌気がさし、欲求不満が溜まっちゃって……ついつい出会い系で知り合った男性と関係を持ってしまい……でもまさか、そのあと二人でホテルから出てくるところを、義父に見られてしまうなんて！

義父は、義母と夫の兄一家とで電車で三十分ほど離れた隣りの市に住んでいるのですが、ちょうどその日は、私がパート勤めをしているファミレスの近くに住む友人の元を訪ねてきたのだということでした。私が仕事上がりに不倫エッチをし終わった現場にちょうど出くわしてしまったわけで……よりによって最悪のタイミングです。

数日後の昼間、ちょうどその日はパート休みで、家で掃除洗濯などの家事をしていた私の携帯に義父から電話がありました。

「ああ、真帆さん。ちょうど今、用事があって近所に来てるんだけど、これからちょっとお邪魔してもいいかな？」

その声音には、「まさか断るなんてことはないよな？」とでもいうような恫喝めいた響きと、同時にジットリとからみつくようなよこしまな湿り気が感じられ、私はいやでも、義父が今日連絡をしてきたその思惑を感じ取らざるを得ませんでした。

「は、はい……かまいませんけど……」

他に答えようがあるでしょうか？

十分後、マンション玄関のチャイムが鳴り、義父がやってきました。

義父は今六十四歳ですが、その年齢を感じさせない若々しさとたくましさに満ち満ちた人でした。六十歳でいったん勤めていた建設会社を定年退職したものの、その後も嘱託でバリバリ働いている、けっこうガテン系のほぼまだ現役なのです。今日は雨で現場が休みだということでした。

室内に招き入れられるなり、義父は舌なめずりするような淫猥な笑みを浮かべながら、私の全身を隈なく眺め回してきました。

実は、私はもうずっと前から、義父が私のことを親族にあるまじきよからぬ目で見ていることを、女の直感で感じ取っていました。それは完全に獲物を狙う淫らで好色なケダモノのそれでした。でもギリギリ、舅である自分の立場が欲望に対するブレーキとなってきたのでしょう。あわやという危ないときは幾度かあったものの、これまで直接私に手を出してくることはなかったのです。

でも、そのブレーキが今、ついに外されようとしている。

私はもはや義父にとって、かわいい息子を裏切ってよその男と寝た、インランな外道嫁……しかも、もう結婚して十年になろうというのに孫の顔も見せてやれない、石女《うまずめ》のできそこない嫁。義母は、かねがね「子供なんて授かりものだからね。焦らなくていいのよ」と気遣ってくれる人でしたが、義父のほうは明らかに不満に思っているのはわかっていました。

「真帆さん、あんた本当にどうしようもない女だな」

義父はおもむろに服を脱ぎながら、話し始めました。

「孫は産めない、ダンナに隠れて浮気はする。いったい、嫁としてなんの取り柄があるっていうんだ？　うん？」

私は、その四十代ぐらいにしか見えないたくましい裸の上半身を見せつけられながら、無言で義父の顔を見つめるしかありませんでした。

「教えてやろうか？　その無駄にいいカラダで、舅である俺に奉仕することだよ。まったく、子供も産んでないのに、なんでそんなにオッパイでけぇんだ？　息子や、この間俺が見た奴だけじゃなく、これまでもう何人も隠れて大勢の男たちに胸揉まれてきたからなんじゃねぇのか？　ええっ⁉」

大きく声を張り上げながら、義父はパンツも脱いでとうとう全裸になってしまうと、立ち尽くす私に躍りかかってきました。

「あっ！　お、お義父さん、や、やめて……っ！」

「うるせぇっ！　あんたに俺を拒む資格なんかねぇんだよ！　おらおら、せいぜいそのオッパイとオマ〇コ使って、俺に詫びろ、詫びろ、詫びろぉっ！」

義父は乱暴に私の衣服を脱がし去り、ブラもパンティも剝ぎ取ってしまいました。

そして一糸まとわぬ私の剝き身を、飛び出さんばかりに大きく見開いた目で貪視しながら、またたく間に股間のイチモツをいきり立たせていきました。

その大きさといい、勢いよくお腹につかんばかりの反り返り具合といい……これが本当に六十代の肉体でしょうか？　まだ三十代の夫よりも、それは完全に見事すぎる男根でした。

「ほら、その見るからにスケベそうな唇と舌で、たっぷりとしゃぶってもらおうか」

義父は私の両肩を押さえ込むようにして床にひざまずかせると、勃起した男根を口元に突き付けてきました。私は観念して口を開け、それを咥え込みました。他にいったい何ができるでしょうか？

こうなったらもう、義父の望みどおりに悦ばせ満足させて、許してもらうしかない。私はその大きく膨張した亀頭を唇に含むと、キャンディを味わうようにレロレロ、クチュクチュとねぶり回し、笠の縁の部分も濃厚に舐めしゃぶりました。

「お、おう……う、ううう……っ」

義父が感極まったかのように甘い喘ぎ声を漏らしました。私はその様子を窺いながら、さらに口戯を激しくし、ジュッポ、ジュッポと勢いよく口ピストンさせて。たまらず義父が両手を下に伸ばして私の乳房を鷲掴み、荒々しくモニュモニュと揉みしだいてきました。その太く節くれだった指で乳肉を、すでに固く尖った乳首をこれでもかと刺激され、口唇奉仕をしながら私のほうもとめどなく昂ぶってきてしまいました。

「んぐっ、ふぐぅ……うぶっ、んふっ……んんんっ、んんん～～～～～っ！」

私にはわかりました。

オマ〇コはもうぐちゃぐちゃに濡れ、インランな女汁を垂れ流してしまっています。

思わず義父のモノを咥えたまま、私はもう辛抱たまらず自分で自分のソコをまさぐり、グッチャ、ヌッチャと指で搔き回していました。

「うおっ⁉　すげぇな真帆さん……ほんとどうしようもねぇインラン外道嫁だ。うん、いや、いいぞいいぞ！　もっともっと乱れろ！　悶え狂っちまえ！」

義父のほうも好色なテンション爆上がりというかんじで声を張り上げ、続いてジュポンッ！　と大きく跳ね上げるようにして私の口から男根を抜き離しました。そしてそのまま私をリビングの床に押し倒してきて。

「ふぅ〜〜〜〜っ、さあ、あんたももうこの立派なチ○ポ、マ○コにブッ込んでほしくてしょうがねぇだろ⁉　ああ、俺のほうももうたまんねぇよ！　さあ、ヤッてヤッて、ヤリまくってやる！」

「ああっ……お、お義父さんっ……！」

今やもう私の中にも畏怖や躊躇といったものは存在せず、ひたすら義父の見事なイチモツを、自分の奥の奥まで欲する気持ちしかありませんでした。

ズッ、ズズ……ズブズブズブ、グググッ……！

濡れた肉ビラが淫らに押しめくられ、私の秘めた肉洞に義父の男根が荒々しく侵入してきました。そして子宮に届かんばかりに深く押し入ったかと思いきや、ズルリと引き退がり……その行ったり来たりの肉の抜き差しが徐々に速く、激しくなって。

「あひぃ！　はぁぁ……ああっ、ああん、はぁっ……！」

押し寄せる快感の大波に翻弄され、私はあとからあとから喉奥からせり上がってくる、喜悦の喘ぎをほとばしらせるだけ。

「ああっ……はぁっ！　イクイクイク……イク～～～～ッ！」

「はぁはぁはぁ……いや、まだまだ～～っ！」

三回、四回と私はイキ狂い、でも義父は平然と抜かずのピストン抽送を繰り出してきます。ほんと、夫とは比べものにならないタフさと男根の味わいに、私はこのまま死ぬまで永遠にイキまくるのではないかと思ってしまったくらいでした。

でも、最初の挿入からおよそ五十分後、ついにそのときはやってきました。

「うっ……くう、おおう……いく……出すぞ、真帆さんっ！」

「あん、ああん！　お義父さん……きて、きてぇっ！」

義父は最後の一突きと共に勢いよく私の中に精を爆裂させ、その大量のザーメンを胎内に注ぎ込まれながら、私も締めのオーガズムを味わったのです。

その後、今でも義父との秘密の関係は続いています。

見ず知らずの男とするよりは、このほうがいいのではと思うのです。

■彼は私の体を起こすと、夫の遺影に正面から向き合う格好で大股を広げさせて……

亡き夫の遺影の前で襲われ犯されイキ果てて！

投稿者　中崎美緒（仮名）／31歳／無職

最愛の人の魂をないがしろにし、踏みにじり……でも、一方でそのことを悦び、自堕落な快楽の沼の底に沈み込み……それは真に地獄のような体験でした。

夫が交通事故で急死しました。

子供のいなかった私たち夫婦は、お互いを人生のパートナーとして心から信頼し必要とする存在でしたから、それはもう、想像を絶する悲しみとつらさでした。幸い、夫の生命保険金と、非を認めた事故の相手方からの慰謝料があったこともあって急いで働くこともなく、専業主婦だった私は無気力に任せるままに、何も手につかずただ孤独な日々を送っていました。

でも、どうにかごく親しい人だけを呼んで四十九日の法要をすることになって。

これは、その日起こった出来事です。

四十九日には私と夫、双方の両親と、それぞれのごく親しい知人・友人だけが集まり、総勢十人というこじんまりとしたものでした。

　お寺での法要もひと通り終わり、近くの料理屋での食事会を終えたあと、私はなんだか具合が悪くなってしまいました。法要の緊張感から解放された安堵に、どっと出た疲れが重なって体調を崩してしまったのかもしれません。

「あ、じゃあ僕がお宅まで送っていきますよ」

　そう言ってくれたのは、亡き夫の親しい同僚だった山村さん（三十三歳）で、私は申し訳ないからとお断りしたのですが、あまりに熱心に言ってくれるもので、さすがにあまりむげにもできないと思って、タクシーに同乗して送ってもらうことになったのです。

「どうか遠慮なさらないで。親友だったあいつのためにも、なんとか奥さんの力になってあげたいんです」

「はあ……ありがとうございます」

　実は、夫の親友だったというものの、私自身はほんの数えるくらいしか会ったことがなく、山村さんのことはあまり知らなくて……正直、少し警戒心があったのですが、いかにも人当たりのいい、やさしそうな雰囲気の人ではあったので、そんな失礼な思いは頭の中から振るい去りました。

でも、やはり……私が抱いた警戒心は、杞憂ではなかったのです。

タクシーが自宅マンションに着き、十階にある自室まで彼は、慣れない和装の喪服と履物を身に着けたおかげで足元のおぼつかない私を支えながら、送り届けてくれました。さすがに、それじゃあどうもとそのまま帰すのも気が引けた私は、お茶の一杯でもと言って誘い、山村さんはすぐに承知し、玄関を上がってきました。

先に入った私は、夫の遺影と骨壺が置いてある六畳の和室まで進み、つい感慨深く遺影の中の夫の顔を眺めていました。悲しみがよみがえり、ついつい目に涙が滲んできてしまいます。

あ、いけないいけない、山村さんのおもてなしの用意しなきゃ、と、台所に向かうべく私が振り返った、そのときでした。

「お、奥さんっ！」

いきなり山村さんが正面から私のことを抱きすくめてきたのです。

彼は昔から柔道をやっていたというだけあって、大柄な上にがっしりとした体つきで、その分厚い胸に押しつぶされんばかりの圧力に、私は思わず息が止まり苦しみに喘いでしまいました。

「な……ちょ、ちょっと……山村さん、な、なにを……あ、ああ……」

「奥さんのこと……ずっと、ずっと好きだったんだ！」

思いもよらない言葉とともに、彼はますます私の体を強く抱きしめ、私は和装の喪服の帯の締め付けの息苦しさとあいまって、頭がクラクラしてきてしまいました。そしてそのまま、彼に押し崩されるままに、畳の上に寝かし倒されてしまったのです。

「はぁ、はぁ、はぁ……奥さん、奥さん！　大好きだぁっ！」

彼は、息せき切って喪服の帯をほどき、がむしゃらに私の体を開いていきました。そしてとうとう帯を外され、はだけられた黒い生地の奥から私の白い裸身が露わになると、彼の興奮はますます抑えのきかないものとなり、その目にギラギラと欲望の光がきらめくのがわかりました。

彼は私の胸元に顔を突っ込み、下着をつけていない剝き身の乳房にむしゃぶりついてきました。いつも夫が「美緒のオッパイは決して大きくはないけど、形がよくて本当に美乳だな」と言ってくれていた乳房が、山村さんの口吻によってぐにゃりと押しひしゃげられ、妖しい軟体動物のように歪みのたくりました。

「ああっ、だ、だめ、やめて、山村さん……夫が見てる……」

私は、あまりにも抵抗が意味をなさない彼我の差に、なかば犯されることを観念しながらも、かろうじてそう言って夫の遺影の存在を意識させ、せめて他の部屋に移動

して の行為を山村さんに訴えました。が、彼は、

「はは、そんなもの、見せつけてやればいいんだ！　あいつ、俺が奥さんのことを好きだって知りつつ、いつもわざとのろけて俺にうらやましがらせて……どれほど悩ましかったことか……だからそのお返しに、俺が奥さんを犯しまくる様をいやというほど見せつけてやるんだ！　へへっ、いい気味だぜ！」

などとまくしたて、結果、火に油を注ぐ格好になってしまったようです。

「だ、だめ……か、かんにん……！」

私は思わず、生まれ故郷の京都のイントネーションで懇願してしまいましたが、彼の狂気じみたたかぶりは収まりません。

「はぁ、はぁ、はぁ……ほらほら、しっかり目に焼き付けやがれ！」

そう言うと山村さんは、服を脱いで裸になり、自らの股間を露わにしました。その昂ぶりは恐ろしいまでのもので、全身にこれでもかと血流の行き渡った肉茎ははち切れんばかりにパンパンに膨れ上がり、獰猛な毒蛇のように鎌首ならぬ、張り切った亀頭をもたげさせていました。

そして私の体をぐいっと起こすと、夫の遺影に正面から向き合う格好で大股を広げさせて自らの股間の上に載せ、ヌチヌチと肉茎を女陰の中に沈め入れていったのです。

「あっ、ああっ……や、やめて～っ！　こ、こんなのいや～っ！」

私はぐいぐいと押し入ってくる肉茎の感触に負けまいと、そう声を張り上げて訴えたのですが、山村さんは容赦してくれませんでした。

「ほらほら、おまえの大好きな奥さんのワレメの中に、俺のぶっといチ○ポが入ってくのが見えるか⁉　見えるよな？　おおっ……しかもほら、奥さん、いやがるどころか、しっかりと俺のチ○ポ咥え込んでミチミチと喰い締めてきやがる！　ははっ、とんだ淫乱後家じゃねえか！　ほらほら、もっと腰触れ！　自分で跳ねろ！」

いかれたように激しくそうわめき、これ見よがしに下からズンズンと突き上げてきて！　いつしか私もその異常な迫力に呑み込まれるようにして理性と自制心をなくし、肉の衝動に任せるままに、彼に言われたとおり、淫らなリズムに乗って腰を振り、上下に跳ね上げて股間の上で体を弾ませていました。

「あっ、あっ、あ、あああっ……ひあぁ、あん、くはぁぁ～～～っ！」

あられもなく悶え喘ぎながら、遺影の中の夫の顔が……できるだけ素直に微笑んでいるものを選んだはずが、どうしようもなく悲しい笑みに見えてきました。

ああ、あなた、ごめん……ゆるしてっ……！

心の中で必死に謝りながらも、勝手に飛び跳ね、その肉交の快感を獣のように享受する己の肉体を押しとどめることは叶いませんでした。

「あっ、あっ……だ、だめっ！　イ、イク……イッちゃう……」

「おうおう、イケイケ！　死んだダンナの前で狂ったみたいにイキまくってやれ！」

「ああっ……はぁっ、はっ……あ、ああ～～～～～っ！」

「うぐぅ……お、俺もうっ……うぐ、うううっ！」

絶頂に悶え喘ぎながら、山村さんの大量の精子が下から噴き出し、ドクドクと胎内に注ぎ込まれるのがわかりました。

それが膣内からこぼれ出して、ボタボタと畳を汚していきます。

事後、山村さんはいきなりの凶行を私に詫びてきました。

私に対する想いが強すぎたあまりにわけがわからなくなって、とんでもないことをしてしまったと。

まさに地獄絵図のような体験でしたが、一番の地獄は、なんといってもこのときの快感と興奮が未だに忘れられない、私の業の深さにあるように思います。

■高柳の指は肉の割れ目の中に荒々しく突き進み、私の穴を遠慮なく掻き回して……

昔のたった一度の遊び相手がまさか息子の家庭教師で!?

投稿者 森内藍子（仮名）／36歳／専業主婦

今日は一人息子、悠真の家庭教師の先生が初めてウチにいらっしゃる日。

『高柳恭太郎（仮名）　T大学教育学部の大学院一回生　二十三歳』

事前に送られてきたプロフィール資料を、私はすでにソラで言える。

「先生、まだかなぁ?」悠真がソワソワしている、その横で母の私もワクワク顔。

「四時まであと十分もあるもの、じきにいらっしゃるわよ。悠真、自分の部屋に上がってなさい」「はぁ～～～い!」

の、返事と同時にピンポ～ンが鳴った。

「こんにちは。家庭教師の○ライから参りました、高柳です」

「は～い、今、参りま～～～す」いつになく弾んだ声だわ、と自分で思いながらドアを開けると……そこには、想像とは違った先生の姿があった。

キッチリと七三に分けた髪、ガリ勉そのものの完璧な黒縁のメガネ、白いポロシャツに黒い綿パンというありきたりな組み合わせ。

「さぁどうぞ先生、おあがりください」愛想を振りまきながら二階の部屋へお連れする。「事前にお伝えしてあるように算数二時間、国語一時間となりますので……やぁ、悠真くん、こんにちは。一緒に頑張ろうね」

「よろしくお願いします」と、私と悠真の声が重なった。私はそそくさと部屋を後にする。「後でお茶をお持ちしますね」と付け加えて。

はぁぁぁぁ～……。

（なーんだ……）少々ガッカリ。いや、期待した私がバカだった。高学歴の若い男が顔もイケメンだなんて、ドラマや漫画の中の世界のことだけなんだわ。高級なケーキなんて用意しなきゃよかった……などと内心グチりながら暇つぶしにスマホをいじる。と、同じ中学受験を目指しているママ友たちのSNSを見始めたそのとき、トントントントン……階段を下りる足音が。

「すいません～、お母さん？」高柳先生が私を呼んでいる。

「はい？　あ、お手洗いなら二階にもありますよ」と言ったのにもかかわらず、先生は階段をズンズン降りてリビングルームにいた私に近づくなり、腰に手を回してきた。

「え？　あ、あのっ！」何が何だかわからず、私の頭はプチパニックを起こしてる。

「やだなー、俺のこと、覚えてないの？　二年前、道玄坂のラブホ行ったじゃん」ニヤリと笑って高柳先生は黒縁メガネを外す。「あ……」その顔に見覚えがあって、私は小刻みに震えてしまった。

マッチングアプリで知り合った男だ……ついノリで渋谷でデートして、そのままラブホでエッチしたのだった。次に会う約束も交わさず、コトが終わるとそそくさと別れた。「T大生だったの？　専門学校生って言ったよね、確か……」「馬鹿正直に言うわけねぇじゃん。名前だって本名じゃないし」それは私も同じだった。咄嗟に『レイナ』と名乗ったように記憶してる。「それにしても、まさかこんなところで再会できるとはなぁ～」そう言って、高柳はいきなり私の唇を口で塞ぎ、チュウッと吸った。「んぐぅ～～、や、やめて！」イヤイヤをしても高柳は離れない。いや、それどころか大胆にも私の胸をまさぐり始めたのだ。

「いやっ、こんなとこ、悠真に見られたくないわ！」「大丈夫。俺が作ってきたテストをやらせてて二十分ほどはかかるからな」ヒヒヒと笑って、高柳は乱暴に私をソファに叩きつけた。「きゃぁっ！」「声出すなよ、悠真に気づかれるぞ」高柳は私に覆いかぶさり、カーディガンとTシャツを一度にたくし上げてきた。

「こ、こんなことしてタダで済むと思ってるの!?　会社に言いつけるわよ！」強気に言うと高柳は綿パンの後ろポケットからスマホを取り出し、何やら画像を探し始めた。と、いきなりそのスマホから「ああ……んん〜〜、ああ〜〜イイ〜〜そこ〜〜」と声が聞こえてきて、私は固まった。（え、私の声……？）

高柳はスマホ画面を私に見せた。そこにはあられもない格好で悦びの雄たけびをあげている私の姿が映っている。

「ど、動画撮ってたの⁉」あの日の淫らな私を。「ああ、いつもこっそり撮ってマスターベーションのおかずにしてたんだけどさぁ〜、こりゃまたグッドタイミングの再会だったぜ」くくくと、また意地悪な笑みを浮かべて「この動画の中身、家族に知られたくなかったら、俺に従いなよ」そう言うと私のブラジャーに手をかけ、指を滑り込ませ乳房を鷲掴み、ゆっくり揉んできた。

「ほ、本当に約束してよ？　主人や悠真には内緒にして！　SNSにも流さないでよ」「了解〜〜！」逆らうことをやめた私を確認し、高柳は乳首を舐め始めた。

「あん……」「ここ、感度良かったよねぇ〜。たった一度だったけどよぉく覚えてるんだ。ハァハァ……」すでにアソコがヌメヌメになってる……自己嫌悪に陥りながらも私は自らスカートのチャックとフォックを外した。とにかく早くコトを済ませなければ……と、それだけを考えたのだった。たぶん高柳も同じことを思っているのだろう、大胆にもパンティに手を滑り込ませ陰部をまさぐり始めた。指が肉の合わせ目をすぅっと撫で上げる。「んんん……」思わず声が洩れてしまう。「すげぇ、もうトップントップンしてる……ハァハァ」高柳の指は肉の割れ目の中に荒々しく突き進み、私の穴を遠慮なく掻き回した。「んん〜〜〜……」「ハァハァ……あったけぇや、レイナさんの中……」「は、早く……早く先生のを入れてぇ」はしたないけど口に出して言ってみた。彼はハァハァしながら下半身すっぽんぽんになると見事なペニスがそそり立った。その異生物のような陰茎は遠慮なしにグググッと私の沼の奥底まで入ってきた。と、同時に激しくピストン運動が始まった。

「ああ〜〜、いい、いいの……もっと……」

「おう、おれもいい……よ……おう、おう……」

パンパンパンパンと肉と肉のぶつかり合う音。

と、その時、二階のほうから声がした。

「先生〜〜、テスト全部できたよ〜〜！」

ハッとするが、私も高柳もまさに高まった最中で、動きを止めることができない。

「ああ、すぐ行くからー！　教科書読んでて〜……ハァハァ……」激しいピストン運動はなおも続く。

「教科書って算数？　国語ー？」「こ、国語……だよー……ハァハァハァ」

「国語の、どこぉー？」トントントンと悠真が階段を下りてくるけど、パンパンパンパンパンパンパン……私たちの陰部は共に離れられない。ヤバいヤバい、こんなところを悠真に見られるわけにはいかない……と頭ではわかっていながら、盛りのついたメス猫のように私は淫らに腰を振りまくっている。

パンパンパンパンパンパンパンパンッ！

トントントントン……「ねぇ先生～、どこ～？　リビングぅ～？」

カチャっとドアノブが回る、その数秒前に私たちは果て、高柳は膝まで落ちていたトランクスと綿パンをたくし上げた。

「ああ、ごめん。ハァハァ、今、行くよ」額の汗をふきながら、高柳はリビングルームを後にした。まさに危機一髪。私はまだパンティを穿けずにいた。高柳がドアまで走っていかなければ、悠真にヌレヌレのおマ○コを見られるところだった。

（セ～フ）フフフ。でも……最後までイケたけど、なんだか物足りないわね……。

コンコン……「先生、そろそろお茶どうぞ～」授業が終わった頃合いを見計らって、高級ケーキとコーヒーを盆に載せ、悠真の部屋のドアを叩くと、

「ちょうど今、終わったところです、算数も国語も。悠真くん、よく頑張りました

よ」「本当ですか？　じゃあ悠真、今日は特別にゲーム二時間やってもいいわよ」「いいのぉ？　やったぁ〜〜〜！」悠真は脇目もふらず部屋を出て階段を下りていく。リビングルームのドアが乱暴に開いて、悠真は一目散にテレビに向かい……嬉し気にカチャカチャとゲーム機をセッティングする気配がしてる。

そこで、「来て……」私は高柳の手をとり、悠真のベッドにいざなった。横たわった彼の綿パンのアソコはすでに固くこんもりしている。ジッパーをそっと下ろしてやり、トランクスの中で窮屈そうにしていた黒光りのペニスを取り出す。パクンと咥えると「おぉぉぉぉぉ……」高柳は身を震わせた。カリの周りをねちょねちょと舐め回していると、再び私のアソコも疼いてきた。

「私のも舐めて」パンティを脱いで高柳の顔の上におマ○コを押し付けると、彼は私の淫らな部分を舌で捉えた。「んん〜」「レイナさんのオンナペニス、固くてでけぇ」ペロペロ、チュパチュパ、「んんん〜〜〜」「おううううぅ〜〜〜」

ああ、シックスナインってこんなに気持ちよかったっけ？

月イチの夫のおざなりHとは雲泥の差だわ。二年前、どうしてこの男とたった一度きりの関係で終わってしまったのか、今更ながら「もったいないことをした」と思う。

「じゃあそろそろ、ブチ込むわね」大胆にもそんなセリフを放ち、私はズブズブとペニスを自分で股間の奥底へ導き挿れていく。肉ひだがぷにぷに音をさせて開いていく……いや、こじ開けられていく。高柳のペニスはゴツゴツと太く、長かった。

「あああ～～、いい～～～～、もっと動いて～～～、突いて～～～～」言いながら私も腰を振りまくる。

「いい、いいよ……締まってるよ……アソコ……ハァハァ」

「私も～～～、イイ～～、もっとよ、もっと激しく突いて～～～～」

「おおお～～～～、イキそうだよぉ～～イ、イク……」

「わ、私もイキそう～～～～～！」

ベッドが激しくきしみ続けたあと、私たちは同時に果てた。だらしなくお股を広げたまんま、私は高柳の上に倒れ込む。ハァハァハァハァ……。

「こんなに良かったの、久しぶりだぜ」

「私も、よ」

その後、私が週二回の家庭教師の日を待ち侘びるようになったのは言うまでもない。悠真も、その日の勉強後は二時間たっぷりゲームができるので、これまた楽しみで仕方ないらしい。

■リズミカルに彼が腰を動かすと、思わずそれにつられて、私の腰も揺れ始めて……

深夜のパソコン教室に響き渡る歪んだ喜悦の叫び！

投稿者 北野光江（仮名）／26歳／無職

寿退社して、玉の輿に乗ったと思っていたのに、堅いと思っていた相手がとんでもない浮気者だったということに気づき、いやになって実家に出戻って早一年。いつまでも遊んでいるわけにもいかず、「ブラブラしてないで働きなさい」と親もうるさいので、とりあえず再就職のためのスキルでも身につけようと、新聞に入っていたチラシで見つけた、近所のパソコン教室に通い始めました。

ところが、前に働いていた時は、今どきパソコンのパの字も関係ないセクションだったので、まったくのパソコン音痴の私は、担当講師に怒られてばかり。

この講師がまたイヤなかんじの奴で、それならとっととやめればよさそうなものなんだけど、二ヶ月分の月謝五万円を先払いしちゃったもので、意地でも元をとろうと通い続けたんです。

それでも、ミニスカを穿いていくと脚をジロジロ見たり、マウスの使い方を説明するときにさりげないふりをして胸に触れてみたり、とにかくサイテーのヤツなの。

全八回の講義の最終回、これであいつとのつきあいも終わりだ……と安心したのがいけなかったのか、どうもいつにも増して飲み込みが悪くって、最後の課題をどうしてもクリアすることができません。教室の方針として、できるまで面倒を見ることになっているので、この期に及んで遅くまで居残りレッスンをすることになってしまいました。幸い、私みたいな人が他にも何人かいたので、ちょっと安心していたのですが、次々とみんなクリアしてしまって……気がつくとなんと私一人！　講師は私の真後ろに立ってマンツーマンの指導態勢に入っていました。

「えーと、このマウスをここでクリックすると、このデータがこうなって……」

「そうじゃないだろ！　そんなとこでクリックしてどうするんだよ！　このバカ女！」

講師は私の耳元でそう吐き捨てるように囁くと、耳朶を噛んできたんです。

「……キャッ！」逃げようとしたときはもう遅く、後ろからバストを鷲摑みにされてしまいました。悲鳴をあげようとすると、口を手で押さえつけられ、身動きできなくなっていたのです。

「いつも露出過剰の格好でオレを誘惑しやがって、このインラン女め！　バツイチなんだろ？　男にずっと飢えてんだろ？　オレが可愛がってやるよ！」

もうこのビルの中で、人がいるのはどうやらこの教室だけのようでした。私はかなり激しく抵抗して、机を二つ三つ倒して、パソコンが一台床に落ちて壊れたりしたのですが、講師はまったく意に介してはいないようでした。

「そ、そんなことして……あなた、タダで済むと思ってるの？」

そんな私のセリフは、彼にとってまったく意味をなしていなかったようです。もうその目はすっかりケダモノと化しており、そのよこしまな欲望を満たすことしか、その眼中にはないかのようでした。彼は私に一発、二発と激しくビンタをくれ、激痛とともに口の中が切れて、唇の端から血が流れ出しました。私はその精神的なショックもあって、とうとう抵抗する気力を無くしてしまったのです。

私は腰が抜けたようになってしまって、教室の床にヘナヘナ……と座り込んでしまいました。頭を振ってイヤイヤをしたり、手を振り回してなんとか抵抗しようとしたりしたのですが、あっという間に彼に素っ裸にされてしまって、気がつくと無理やり彼のプンプン臭う汚れたペニスを咥えさせられていたのです。

彼は、私の頭を摑んで前後に揺さぶり、私の舌の感触を勝手に楽しんでいます。私はとにかく息が苦しくて、どうしようもなく、あとからあとから流れ出てくる涙で目が痛くなってしまいました。しばらくすると、フェラチオに満足したのか、口からペニスを引き抜くと、今度は私を仰向けに寝かせるようにして、脚を大きく開かせるとその真ん中に顔を突っ込んで、べちょべちょと舐め始めたんです。伸びかけの無精ひげがチクチク当たって、痛い……。

「痛い、痛い……お願い……」

「オレをバカにした罰だ！　これぐらい我慢しろ！」

バカにした覚えなどありませんが、そんなこと言えません。

講師はしばらく舐め回したあと、もう十分だと思ったのか、今度は私の両脚を脇の下に抱え上げました。そして次の瞬間には、私の唾液でべとべとに濡れたペニスが、その私の股間を思い切り貫いていたのです。

「あ、ああ……いっ、いたぁい……！」

無理やりインサートされることが、こんなに苦痛だったとは……！

それでも、中をクイクイと掻き回されていると、女の体って不思議なもので、そのうちに屈辱感を押しのけるように、なんともいえない気持ちよさが少しずつ……。彼が私のバストを摑んで乳首をいじっていると、やっぱり乳首もムクムクと立ち上がってきて……。

「このスケベ、やっぱり感じてるじゃねえか！　こんなスケベだから、ダンナに愛想つかされたんだろ？　ええ？」

そう言うと、彼は私から一度離れて今度は私を四つん這いにさせると、後ろからグイグイって、ねじ込むようにインサートしてきました。

「あ、ああ……あ、あはぁ……！」

さっきとは違って、奥のほうまでしっかり膣を押し広げられるようなかんじで、なんか目の前がクラクラしてきちゃって……リズミカルに彼が腰を動かすと、思わずそれにつられて、私の腰も揺れ始めたりして……！

パン、パン、パン！　と、彼の下腹と私のお尻がぶつかる音が軽快に響くと、そのたびにいやらしい快感が大きくなっていくような……。それから彼が仰向けになると私はもう導かれるように、ピラミッドのように盛り上がったペニス目がけて、体を少しずつ沈めていきました。そして、彼のモノがすっぽりとアソコに収まると、私は遊園地の回転木馬に乗った少女のように、ひたすら腰を振っては、湧き上がってくるエクスタシーに身を任せていたのです。

「あ、ああ……もうダメだ、イッちゃう……！」

「ダメ！　まだ、イッちゃダメ！」

彼がイキそうになると、私は動きをスローダウンして、なかなかイカせないようにしました。考えてみると、やっぱり彼の言うとおり、離婚して以来、一度もエッチしてなかったから、それなりに欲求不満だったのかもしれません。私はもう一度、激しく腰を振りたてました。

「イク、イク、イク……イク～～～～～ッ！」

彼が射精するのにあわせて、私もどこまでも昇り詰めていくかのように、オーガズムの階段を駆け上がっていました。

あ～あ、やっぱりあともう二ヶ月、追加で通って彼に個人指導をお願いしようかしら？　パソコン？　いやまあ、それはもうどうでもいいんですけどね……。

■部長は小刻みに膝を揺らしながら、後ろから手を回して私の胸を揉みしだき始め……

人事部長に脅され犯されカラオケBOXで啼く私

投稿者 沼尻さやか（仮名）／24歳／OL

うちの会社も不景気で、今年の新卒採用はゼロ、ボーナスも激減でした。倒産するかもとか、大量リストラがあるらしいなんて噂が囁かれ、私も、「転職も難しそうだし、どうしよう……？」と、毎日が不安でいっぱいでした。貯金もないし、父が定年間近の両親にも頼れそうにないし……。

そんなとき、人事部長のKさんに飲みに誘われました。Kさんは四十代後半で、ひどいセクハラをするという評判のある人でした。それに、人事の特権を利用して悪いことをしているという噂もある、要するに社内のブラックリスト中の人物だったのです。

でもそのときの私は、不安と焦りで頭がいっぱい、何か人事についての情報が聞けないかという一心で、Kさんの誘いに乗ってしまったのです。

Ｋさんに連れていかれた薄暗いバーで、肩を抱かれたり足を触られたりしても、私はなんとかしてリストラに関する情報が聞けないものかと、そればかり考えてしまっていました。

「リストラの対象を最終的に決めるのは、Ｋ部長なんですよね？」

「そうだね。でも、本人の出方次第によっては、その対象から外すこともできる。たとえば君だったら……」

こんな話になったときにはすでに、私は酔ったせいもあって正常な判断ができなくなってしまっていました。

太腿の間に、Ｋさんの手がねじ込まれてきました。でも、それをはねのけることはできませんでした。Ｋさんのいうことさえ聞けば、リストラされないですむ……私は朦朧とした頭でそう思い込んでしまったのです。

バーを出たのはもう終電も終わった時間で、そのままカラオケＢＯＸに連れていかれました。そして部屋に入ると、Ｋさんはいきなり抱きついてきて。

「あ、お店の人が来ますよ！　やめてください！」

「いいんだ。ここはそういうの、大丈夫なんだ。ぼく、常連だからね」

Ｋさんはそう言って、強引にスカートの中に手を突っ込んできました。

私の中で、抵抗したい気持ちと、逆らったらリストラされるかもという不安がぶつかり、戦っていました。

そんな迷いが伝わってしまったのか、Kさんは強引にしていた手を止めて、余裕の笑いを漏らしました。

「ふん、いいんだよ、いやなら……」

「え、す、すいません、そういうわけじゃ……」

「君の誠意を見せてもらおうと思っただけなんだよ。ほら……」

Kさんはそう言うと、なんと、ズボンのジッパーを下ろして、オチン○ンをモロ出しにしたんです。

私はそれを……仕方なく手にとり、床にひざまずいて、口に含みました。その場の流れで、そうするしかなかったんです。

Kさんは満足そうに笑いました。私は、自分の屈辱的な姿を気にするよりも、Kさんが機嫌を直してくれてよかったと、ホッとしていました。

「よしよし、君は素直ないい子だ。仕事もこの調子で一生懸命やってくれそうだね」

Kさんは私をボックス席の隣りに座らせると、改めてじっくりとスカートの中に手を入れてきました。もう私はされるがままでした。パンティの脇から指が潜り込んできて、ワレメをなぞってきました。手のひらを密着させて、小刻みに動かし始めて。

「彼氏とかいるんだろう？」

「いえ、いません」

「ふ～ん……じゃあ困るときもあるだろう。……自分でシてるのか？」

「……えっ……」

答えられずに困っていると、Kさんはますます強く指をうごめかしてきます。

「毎晩、寂しいんじゃないのか？　ほれ、もうこんなに濡れてきちゃって」

「あ、ああ……そ、そんな……」

信じたくなかったけど、酔っていたせいもあってか、私はあっけなく感じさせられてしまっていました。Kさんの指の動きが、次第に滑らかになってきます。

「あ、ああ……」

Kさんは私を責めながら、私の手を自分の股間に持っていって触らせました。そこはもうすっかり固く大きくなっていて、もうズボンの中には納まりそうになく。

「ほら、こっちにおいで」

Kさんは私を膝の上に座らせました。そして、私の腰を掴んでパンティを脱がすといきなりズブズブと挿入してきたんです。そしてすっかり根元まで入ってしまうと、小刻みに膝を揺らし、後ろから手を回して胸を揉みしだき始めました。

「あ、ああ……はあッ……」

思わず大きな喘ぎが漏れてしまいました。

恥ずかしいけど、Kさんの言うとおり、男性に触れられるのは一年ぶりくらいのことで、寂しい夜には自分で慰めてしまうことが続いていたんです。

ああ、久しぶりの男のカラダ……。

でも、相手は悪名高いセクハラ部長。それも脅されての屈辱的SEX……。

それでも、こんなに感じてしまうなんて……!

なんだか自分で自分が悲しくなって、涙が出そうになりました。

Kさんは手を休めず、次第に私の首筋に顔を埋めて、熱い鼻息を吹きかけてきて。

(どうしよう……このうえ、中で出されでもしたら……)

そんな不安が頭の中を支配してきました。

でもKさんは、もうすっかり自分の快楽の中に没入してしまっているようでした。

「ううっ、もどかしい……おい、テーブルに手をついて、こっちにケツを向けろ!」

そう言って、私の背中をグイと押しのけました。私は言われるままに従って。

するとKさんは私の腰をグイッと引き寄せたので、私はテーブルに肘をついて、お尻を高く突き上げるような恰好になってしまいました。

（い、いや……こんな恥ずかしい……！）

あまりの恥辱に、全身がカーッと熱くなりました。でもKさんは構わずに、またより深く挿入してきて……「あ、ああーっ！」恥ずかしくて悔しいのに、その淫らな角度は、自分でも驚くほどの快感を私にもたらしました。

「いいぞ、もっと啼け！　この店は大声出しても外には漏れないからな」

「ああ、あああっ……あ、こ、こんなのって……！」

私はとうとうあられもなくイってしまいました。

そしてそれからどうなったかというと、私は結局リストラされてしまったのです。

苦い社会勉強をしたのだと自分に言い聞かせて、今は気を取り直してなんとか就活をしているところです。

ああ、それにしても部長のチ○ポ、よかったなあ……。

■そのうち、残る一人もデジカメを片手に私の上にのしかかってきて……

ナンパ4P体験で恥ずかしい姿を撮影されて！

投稿者 小向小夜子（仮名）／20歳／大学生

北海道の大学で、デザインを勉強してる学生です。

先日、休暇を利用して東京にデザイン関係のセミナーを受けにきたときの体験をお話しします。

宿泊先の、渋谷にほど近いホテルのロビーでくつろいでいると、三人組の若い男たちに声をかけられました。

「どうしたの、こんなところで。ひとり？」

慣れない東京でちょっと寂しかったのもあり、私は話し相手が欲しくて軽い気持ちで彼らとおしゃべりを始めました。

「えー、北海道から来たんだー。アカ抜けてるからてっきり東京の子だとばかり思ったよ。デザイン関係？　どーりでおしゃれなはずだ」

いかにも遊び馴れてる渋谷の男、というかんじの三人組で、私も普段こういう軽いかんじの男性と話すことはあまりなかったので、新鮮で楽しかったのもあるし、言葉巧みに誘ってくるものだから、ついついノセられちゃって……。

「すぐそばなんだけど、マンションカラオケってのがあるんだよ。北海道にはないんじゃない？　楽しいから、みやげ話にちょっと覗いていかない？」

と誘われて、のこのこついていっちゃったんです。

「ほら、すぐそこだから……」

と、三人が口を揃えて言うわりには、結局十分くらい歩かされて、ようやくたどり着いたのは、建ってからもうずいぶん経ってるんじゃないかと思わせる、古びたマンションでした。

エレベーターで六階に上がると、三人は手慣れた様子で鍵を開けて私を部屋の中に誘い込みました。

「こっち、こっち」

部屋の中には、黒い革張りの高そうなソファが据え付けてあって、コーナーには大きなテレビと、おなじみのカラオケ装置、アンプやマイクが置いてあります。

「じゃ、とりあえず何か飲み物を作るからさ。お酒、飲めるんでしょ？　北海道の人って、なんか強そうだもんね」

ほんと、調子よくて口がうまいんです。

「じゃあはい、ウーロンハイ」

一人が差し出してくれたウーロンハイは、ウーロン茶よりも、焼酎のほうがどう見ても多く入ってるんじゃないかという代物でしたが、

「いや、東京のほうじゃ、これくらいが普通なんだよ」

とか、すっごいテキトーに言いくるめられて。

気持ちよく飲んで、ガンガン歌っていると、どんどんいい気分になってきちゃって。

男の一人がキスしてきたときも、旅先という浮ついた気持ちのせいか、ついつい素直に受け入れちゃったんです。

すると、男はジーンズのファスナーを下ろして、私にフェラさせようとして。

まあ別に処女というわけでもないし、三人もの男と一度にしたこともなかったし、東京じゃなきゃこんな経験できないなと思い、私も気持ちを決めました。

私はソファに深く腰掛けて、一人の男がその脇に立ちフェラさせてきます。

もう一人は私の脚を大きく開いてソファの上に座り、スカートをまくり上げてストッキングの上から、黒くて太いバイブレーターの刺激を加えてきました。

「あんっ……は、ああ……」

噂には聞いてたけど、バイブを使われるのって生まれて初めての経験でした。思ってたよりもズ～ッと気持ちいいんですよ、これが。

「あん……はぁ……もっと……」

どんどん気持ちよくされちゃって、そうすると私のほうもしゃぶってるペニスの扱いがどんどんハードになっていって……グチュ、ジュブ、ヌチュ、ジュルル、ってそりゃもうすごい勢いで舐めまくって。

そして、残りの一人は何をしていたのかというと……なんと、デジタルビデオカメラを回してたんです！

私、こういうことあるのって知らなかったわけじゃないんだけど、まさか自分がそんな目にあうなんて思いもせず、ただひたすらびっくりするしかありませんでした。

三人の男は、いわゆる『ビデオナンパ師』だったんです。

『カラオケマンション』なんていうのは口実で、実はここ、彼らの所属してるAV制作プロダクションの、事務所の隣りの部屋をナンパ撮影用に改造したスペースだったというわけなんです。

普通だったら、とてもじゃないけどこんなムチャできません。でも、強いお酒を飲んで判断力がほとんどなくなっていたのに加え、やっぱりプロのナンパ師だけあって、エッチのテクニックがものすごく上手で……。

実際、生まれて初めて体験するような、「セックスって、本当はこんなにキモチいいものなの？　じゃあ、今までのは一体なんだったの？」みたいな、衝撃的な快感の連続で……いや、すごかった！

そのうち、残る一人もデジカメを片手に私にのしかかってきて、ソファの上に私を横たえ、「あん……」と、思いっきり淫らに喘ぐ私の様子を撮影しながら、インサートしてきたんです。自分のあられもない様子が写されているかと思うと、その恥ずかしさが余計に快感を大きくして……。

絶対、顔にはモザイクをかけるという約束で、私はそのマンションをあとにしました。それなりのお小遣いももらえたし、生まれて初めてっていうくらいの気持ちいい思いもさせてもらえたし、私にとっては最高の東京体験でした。

■課長はその分厚く醜い唇を重ね、粘り着くようなベロチューをかましてきて……

夫のリストラ回避と引き換えに上司に犯されて

投稿者　末貞さとみ（仮名）／32歳／パート主婦

もう十二時を回ろうとしてるのに……あの人、遅いなあ。

私は夫の帰りを待ちながら、ちょっと心配な気持ちになっていました。朝出かけるとき、別に遅くなるとも何とも言ってなかったはずだけど。最近は残業もほとんどないし……。

と、そのときでした。

玄関のチャイムが鳴り迎えに出てみると、そこには夫ともう一人、なんと上司の前島課長がいました。夫は明らかに泥酔しているようで、前後不覚の状態で前島課長の肩を借りながら、ようやくそこに立っているような有様です。

「あ、奥さん、すみません。こんな夜分に」

「いえ、こちらこそすみません。課長さん、酔っぱらった主人をここまで連れ帰ってくれたんですよね？　お世話かけて本当に申し訳ないです」

「いや、今日は急に私のほうから誘ったものですから……」

状況が呑み込めた私は、とりあえず前島課長を手伝って夫をマンション室内に運び入れ、その大柄で重い体をなんとかリビングのソファの上に横たえました。こちらの苦労も知らずに、ガーガーといびきをかきながら酔いつぶれています。

その脇で、私は前島課長に座ってもらってお茶の用意をし始めました。

「あ、奥さん、どうぞおかまいなく」

前島課長はその太って脂ぎった顔の汗を拭きながらそう言い、私はこわばった笑みを向けながら、彼の前に熱いお茶が注がれた湯呑を置きました。

そう、実は私、この前島課長のことが生理的に受けつけられないんです。これまで何度か顔を合わせたことがありますが、そのたびにそのガマガエルのような容姿に怖気を覚え、嫌悪してきた始末で……人当たりのいいやさしい雰囲気の人なのですが、どうしても好きになれなくて。

でも、今この状況でそんなことをいっているわけにもいかず、私はつぶれている夫を横目に、精いっぱい感じよく前島課長のお相手をしようと必死でした。

そして時刻はもう夜中の一時になろうとしていました。

正直、課長さん、もうそろそろ帰ってくれないかな、と私が思い始めていた矢先のこと、彼が思いもよらないことを言い始めました。

「奥さん、実はね、今日、末貞くんを飲みに誘ったのは、彼にリストラの件を伝えるためだったんですよ」

「えっ、リ、リストラ……ですか？」

「そう。ご存知のようにこの不景気でうちの会社も思わしくなくて……それで、申し訳ないけど末貞くんには系列会社へ移ってもらうことになったんです。ただ、給料は今の半分ほどになってしまうもので……実質、リストラということに」

私はショックで頭の中が真っ白になってしまいました。

そりゃ夫も、こんなことを告げられては痛飲もしてしまうわけです。

思わず下を向いて黙るしかない私でしたが、そこに前島課長が席を立ち、ソファの私の横へと座ってきました。その意外な行動に「え？」と思った私に身をすり寄せるようにして、彼は言いました。

「でも、奥さん次第では、その話をなかったことにしてあげなくもない」

「え？　それってどういう……？」

思わず怪訝な声を出してしまった私に対して、前島課長は肩に手を回しながらこんなことを言ってきました。

「ぶっちゃけ、私はもうずっと前から奥さんのことが好きなんですよ。好きすぎて、他の女となんか結婚する気も起きないくらい。ね、一度でいいから抱かせてください。そうしたら、上に話を通して今回のリストラの件をなかったことにしてあげてもいい。ね、どうですか？　悪い話じゃないでしょ？」

いやいや、こんな悪い話ってありますか？

よりによって、生理的嫌悪感を覚えるほど嫌いな相手に抱かれなくちゃならないなんて……隣りで鼻息を荒くしている彼に対して鳥肌を立てながら、私はとんでもない絶望感にとらわれていました。

でも、だからといって他に選択肢があるとは思えません。

まだまだマンションのローンもある。これから子供もつくりたい。老いた親の面倒もみなくちゃいけない……そんなこんなもすべて、夫の給料が今の半分になってしまったら、とてもじゃないけど太刀打ちできません。

結局、私は観念しました。

この気持ち悪い男に抱かれよう。

それでこれからの生活が守られるのなら。

そんな私の内面の様子を察したのでしょう。前島課長は血の気の引くような笑みを浮かべながら私の両肩を抱いて、その分厚く醜い唇を重ね、粘り着くようなベロチューをかましてきました。ちゅうちゅう、じゅるじゅると私の舌を吸い、唾液を啜りあげ、同時に体中に手を這わせてきました。

「ん……っ、んふ、ぐふぅ……」

「はぁ、はぁ、はぁ……わ、私のキスは気持ちいいかい？　感じるかい？」

嫌悪感に喘ぐ私のことをそう勘違いしながら課長は言い、ますます調子に乗って責めたててきました。舌をからませたまま、私の胸元を開いてブラジャーを外し、剝き出しにされた乳房を揉みしだいてきました。

「はぁう……うう、や、柔らかい……なんていい揉み心地なんだ……ああ、奥さん、最高だよ……う、うううぅっ……んじゅぶ！」

そして今度はそれにむしゃぶりついてきて。

ちゅぷちゅぷ、じゅぶじゅぶと汚らしい音を発しながら、私の乳房を舐め回し、乳首を吸いむさぼってきます。すると、そのあまりに一心不乱な責めに対して、私の中でもいつしか嫌悪感よりも性的刺激のほうが勝ってきてしまいました。

「は、ああ、あん……んん、んふぅ……」

心ならずも自分のその声は甘く、媚びを含んだような響きをまとっていました。

「はぁ、はぁ、はぁ……美味しい、美味しいよ、奥さん……ああ、早く奥さんのエッチな果実を味わいたい……いいよね？」

より一層興奮した課長は、私をソファに押し倒すとスカートをまくり上げ、ストッキングとパンティをむしり取ってきました。そして剝き身にされたアソコにヒヤリとした空気を感じたと思った次の瞬間、巨大なナメクジがまとわりつくようなブチュリと熱く濃厚な感触を覚え、その妖しすぎる快感に身を大きくのけ反らせて悶え喘いでしまいました。

「あひっ……あ、ああ、ああん……くふぅ……」

「ああ、甘い、甘いよお、奥さんのおつゆ……全部飲み干したいくらいだ！」

びちゃびちゃ、じゅるじゅると激しい音をたてて吸淫しながら、前島課長は嬉しそうに言い、いよいよ自分もスーツを脱ぎ始めました。その体はもちろん、無様にゆるみきった醜いものでしたが、逆にそれが私の被虐心をくすぐるかのように、言いようのない性感の昂ぶりを覚えてしまっていました。

ああ、こんな世にも気持ち悪い男に好き勝手犯されてる私……なんて最低で最高なの！　くうっ、もう死んじゃいたいくらい気持ちいいっ！

とうとう露わになった課長のアレは、正直惚れ惚れするような立派なイチモツでした。巨大で、硬くて、黒々とした迫力に満ちています。

「ああ、私のモノが奥さんの中に入ってく……ああ、熱い！　すばらしい！」

「んあっ、ああっ……ああ、ふ、太いぃっ！　すごいぃ！」

今や私は自分から腰を振って、前島課長のモノを食いちぎらんばかりに激しくむさぼって……そしてクライマックスが迫ってきました。

「ああ、奥さん、もう……もう出そうだ……ああっ！」

「はぁ～っ……出して！　中で思いっきり出してぇっ！　ああ、イク～～～！」

その瞬間、課長はつぶれたガマガエルのように無様に私の上に覆いかぶさり、臭い息を吐きながら果てていました。

私ももちろん、かつてない絶頂感に恍惚としていました。

そして課長は約束を守り、夫のリストラは回避されました。

課長はあのとき、「一度でいいから」って言ったけど……できればもうあと何回か抱いてくれないかな……そう思っている私がいるんです。

素人手記
女としての絶望の果てに
ナマでヤれる肉人形にされた私……

２０２１年４月１９日　初版第一刷発行

発行人　後藤明信
発行所　株式会社　竹書房
〒102-0075　東京都千代田区三番町８－１
三番町東急ビル６Ｆ
email：info@takeshobo.co.jp
ホームページ：http://www.takeshobo.co.jp
印刷所　中央精版印刷株式会社
デザイン　株式会社　明昌堂
本文組版　ＩＤＲ